la bibliothèque de la
classe de Germanie

Disney

LONE RANGER

NAISSANCE D'UN HÉROS

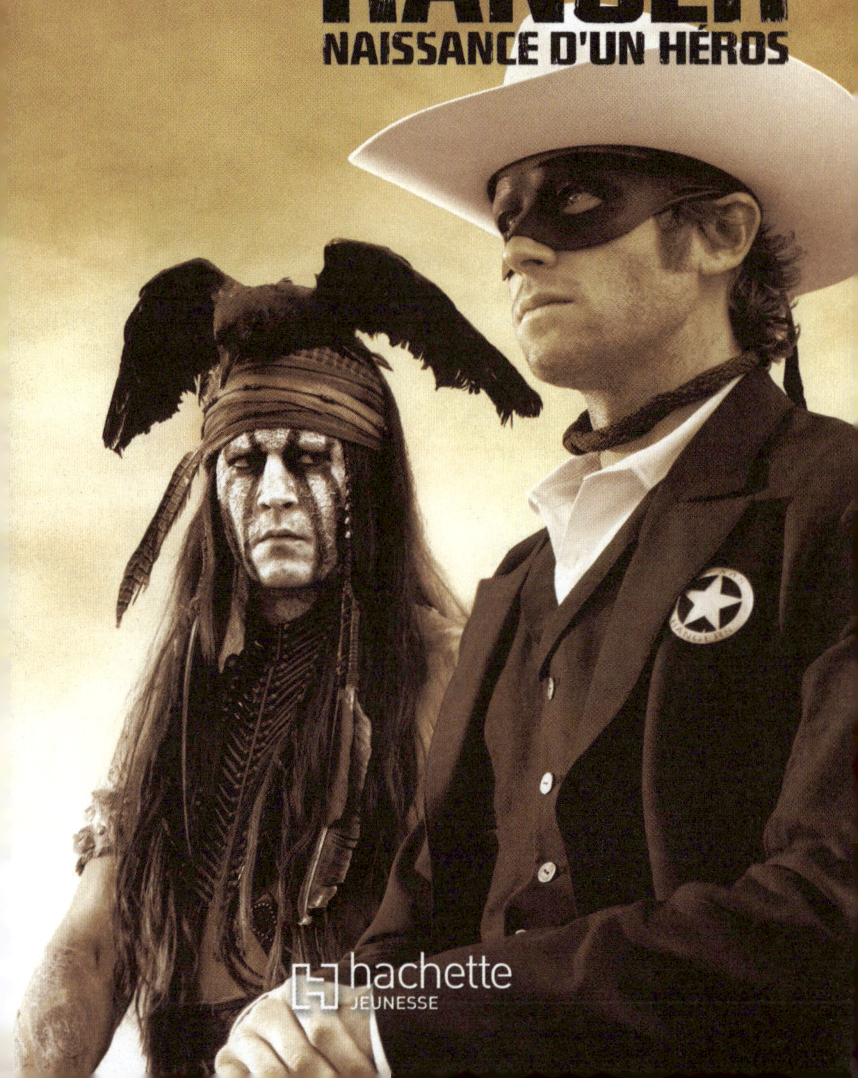

hachette
JEUNESSE

Derrière ce masque
se cache John Reid,
un jeune avocat un peu
rêveur qui a tout appris
dans les livres. Il n'a pas
toujours été un guerrier,
mais sa vie a changé
lorsque le pire bandit
du Texas s'est attaqué
à lui et à son frère.
Lone Ranger a vu
la mort en face, et il
en est revenu plus
déterminé que
jamais à combattre
le crime.

LONE RANGER

Tonto est un Comanche qui ne poursuit qu'un seul but : chasser l'homme qui a décimé sa tribu, ce démon qui le hante depuis des années. Solitaire, il a appris à se débrouiller par ses propres moyens, même si ses coutumes sont plutôt étranges. C'est un allié précieux et plein d'idées... qui sait aussi se montrer superstitieux et très têtu !

TONTO

En 1933, San Francisco est une ville en plein essor. Un peu partout, des grues hissent des poutres au sommet de constructions nouvelles, tandis qu'en bas de la colline, des bateaux à vapeur affluent dans le port florissant. En observant cette cité dynamique, qui pourrait croire que le reste du pays traverse l'une des plus graves crises économiques de son histoire ?

Au milieu de toute cette animation,

comme pour célébrer cette exception-
nelle prospérité, une fête foraine bat son
plein. Les visiteurs accourent, attirés par les
lumières scintillantes qui défient le soleil
couchant. Au bras de leurs parents, des
enfants déambulent entre les attractions,
les yeux brillants d'excitation, tandis que
des garçons tentent d'impressionner leurs
copines à grand renfort de barbe à papa et
d'animaux en peluche.

Le clou de la fête est la grande roue qui
permet aux passagers d'avoir une vue impre-
nable sur la baie de San Francisco.

L'air blasé, un jeune garçon, avec un
revolver en plastique accroché à la hanche,
marche à grands pas. Il s'appelle Will, et il
connaît déjà tout ça par cœur. Les jeux, les
manèges, la grande roue, ça n'a vraiment plus
rien d'excitant pour lui.

Une seule attraction l'intéresse, c'est le
spectacle du Far West, supposé être la plus
grande attraction sur Terre. Mais en garçon
averti, Will préfère le vérifier par lui-même.
Après avoir ajusté son masque sur ses yeux,
il s'introduit dans la tente.

Une fois ses yeux habitués à la pénombre, Will aperçoit différentes reconstitutions de scènes de l'ancien Far West. Un ours et un bison empaillés dont le pelage est troué par endroits, un wagon déglingué jauni par les ans...

Vraiment pas de quoi s'extasier. Déçu, Will soupire. Tout ce qu'il voit semble vieux et faux, et c'est à mille lieues de ce qu'il avait imaginé. La plus grande attraction de la Terre, tu parles ! Lui, il rêvait de quelque chose de plus exaltant. Quelque chose qui aurait eu l'air... vrai.

Il marque cependant une pause devant une autre reconstitution, intitulée « Le noble sauvage dans son habitat naturel ». Le noble sauvage en question est un Indien assis, le visage recouvert de peinture noire et blanche, et coiffé d'un corbeau empaillé aux plumes décolorées. Alors que les autres visiteurs passent déjà à la scène suivante, Will reste, malgré lui, planté devant la statue et son étrange couvre-chef. C'est la première fois qu'il voit un Indien, et quelque chose le fascine chez cet homme, même s'il ignore quoi exactement.

Mystérieusement attiré, il s'approche et…
la statue cligne des paupières ! Stupéfait, Will
en laisse tomber le sachet de cacahuètes qu'il
tenait et saisit son jouet. Ni une ni deux, il
tire des munitions bien inoffensives, qui font
encore moins de bruit à cet instant que les
battements de son cœur. D'ailleurs, l'Indien
ne semble guère impressionné.

— Kemosabe ? demande-t-il d'une voix
éraillée, en se penchant vers Will. Tu as
amené des chevaux ?

— Je crois que vous faites erreur,
monsieur, balbutie Will.

Aussitôt, les yeux de l'Indien s'emplissent
d'une tristesse telle que Will ne sait plus où
se mettre. Il recule d'un pas et piétine par
mégarde des épluchures de cacahuètes. Visiblement intrigué, l'Indien soulève un sourcil.

— On fait un échange ?

Prenant son courage à deux mains, Will
ramasse son goûter, puis le tend timidement à
l'Indien. Le vieil homme attrape le sachet et le
remplace dans la main de Will par un cadavre
de souris momifié. Un « merci » dégoûté peine
à franchir les lèvres du jeune garçon.

Pendant que l'Indien mâche une caca-huète, Will baisse son masque pour l'exami-ner plus attentivement. Il sait qu'il n'est pas en train d'imaginer tout ça. L'Indien est bel et bien vivant, mais comment est-ce possible ? Et pourquoi s'adresse-t-il à lui, Will, et pas aux autres visiteurs ?

— N'enlève jamais ton masque, dit-il.

— Pourquoi ?

Le vieil Indien ferme les yeux, alors qu'un souvenir longtemps enfoui refait surface. Il commence à parler, si doucement que Will doit tendre l'oreille pour l'entendre...

Au sommet d'une colline, juché sur un cheval et dissimulé parmi les arbres, l'In-dien, beaucoup plus jeune à cette époque, scrute l'horizon. Il porte déjà son fameux corbeau perché sur le haut de sa tête. Près de lui, sur une autre monture, se tient un homme coiffé d'un chapeau blanc. Manifes-tement mal à l'aise, il ajuste le masque noir qui cache une partie de son visage.

— Tu en es vraiment sûr, Tonto ? demande-t-il en se tournant vers l'Indien.

Ce dernier prononce l'une des phrases énigmatiques dont il a le secret, avant de reporter son attention sur l'horizon.

— Bon, d'accord, répond l'homme au chapeau, en soupirant. Faisons-le.

Lancés au grand galop, les chevaux dévalent la colline comme des fusées, jusqu'à un petit village niché à flanc de coteau, et dont la rue principale est bordée de maisons en bois. Apeurés, des passants fuient sur le passage des deux cavaliers.

L'homme masqué et le Comanche stoppent brusquement leurs montures devant l'un des plus grands bâtiments du village : la Banque municipale Colby. Ils sautent à terre et s'engouffrent à l'intérieur au milieu des clients stupéfaits.

Seul un homme ose s'avancer vers eux.

— Vous êtes qui, vous ?

L'homme masqué échange un regard avec son compère.

— Je te l'avais bien dit, murmure-t-il. J'ai l'air ridicule. Peut-être que si on ressort d'ici, et que l'on entre à nouveau...

Mais il n'a pas le temps de terminer sa

phrase. Le Comanche attrape son tomahawk et le lance à travers la pièce. La hache acérée tranche en deux le chapeau de l'homme qui a parlé, avant d'embrocher la pendule suspendue derrière lui.

Suivant son exemple, l'homme masqué sort son arme et tire en l'air... sur un énorme lustre qui se fracasse au sol, provoquant la panique générale.

— Je crois que je n'ai pas été suffisamment clair, dit-il. Nous venons cambrioler cette banque !

Les deux voleurs sautent par-dessus le comptoir, droit vers leur objectif : le coffre-fort...

Jusqu'ici, Will a écouté le vieil Indien raconter son souvenir, les yeux écarquillés. Mais soudain une idée le traverse.

— Attendez une minute, le coupe-t-il.

13

Il sait qui est le Comanche, ainsi que l'homme masqué. Il a entendu des tas d'histoires à leur sujet.

— Vous êtes en train de me dire que vous êtes Tonto ? *Le* Tonto ?

— Est-ce qu'il en existe un autre ?

— Mais… Lone Ranger et Tonto étaient des gars bien, proteste Will. Je veux dire… ils n'ont pas cambriolé de banque, pas vrai ?

Tonto ne répond pas immédiatement. Il réfléchit un instant, puis se remet à parler, d'une voix forte et pleine de sagesse.

— Il y a des moments où un homme bien doit parfois se résoudre à porter un masque…

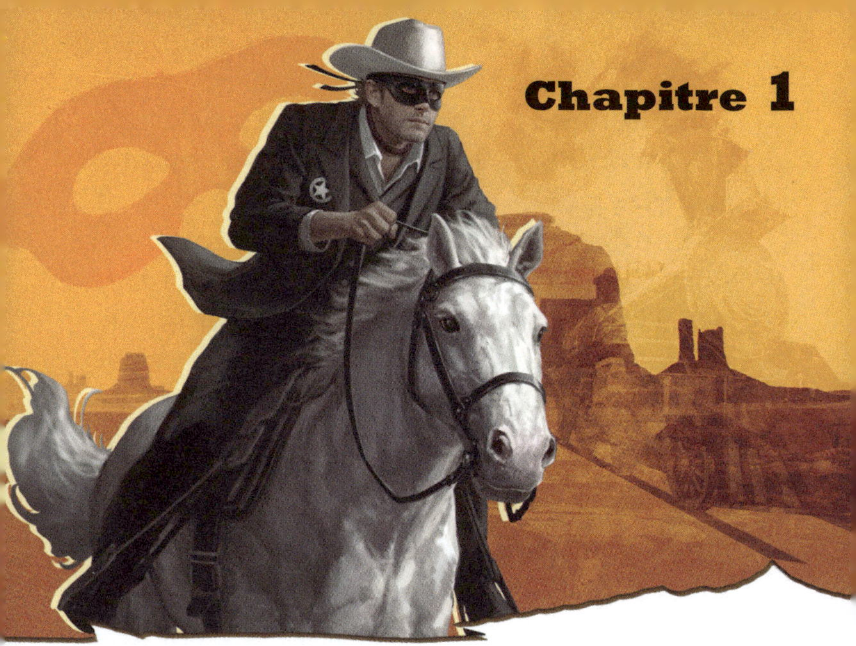

Chapitre 1

Colby, Texas, 1869.

Au milieu d'un épais nuage de poussière et de saleté, un groupe d'hommes travaille d'arrache-pied. Pendant que certains posent des kilomètres de rails, à grands coups de marteau, d'autres creusent péniblement des tranchées dans le sol aride du désert.

Non loin de là, un monstre de métal attend patiemment de pouvoir continuer

son chemin. Il s'agit de *Constitution,* une des locomotives les plus rapides et les plus grandes jamais créées jusqu'ici.

Pendant que les travailleurs œuvrent sans relâche, un homme s'adresse à une petite assemblée. Le contraste est frappant entre cet individu, à la tenue impeccable, et les ouvriers, maculés de poussière, qui transpirent à grosses gouttes sous le soleil de plomb. Latham Cole se dresse fièrement, le menton levé, en digne héros de guerre, et désormais responsable des chemins de fer. À côté de lui, le shérif Garrick P. Donovan surveille la foule afin d'éviter tout débordement. Ce jour est très important, et rien, absolument rien, ne doit venir le gâcher.

Cole se racle la gorge.

— Mesdames et messieurs, commence-t-il, je vous ai rassemblés aujourd'hui pour assister à ce que je considère comme la plus grande entreprise après celle de Dieu. Bientôt, notre pays tout entier sera traversé par le chemin de fer.

Ses paroles déclenchent un tonnerre d'applaudissements, que Cole savoure

comme une victoire personnelle. Il aime être au centre de toutes les attentions. Son regard se porte sur une personne en particulier : Rebecca Reid qui, contrairement aux autres, garde les mains parfaitement immobiles. Même affublée de vieux vêtements sales, elle est resplendissante de beauté.

Un instant distrait, Cole se ressaisit et poursuit son discours.

— Nos équipes posent des rails à un rythme de seize kilomètres par jour et, avec la grâce de Dieu, nous aurons atteint Promontory Summit avant la fin de l'été.

Une fois encore, l'assemblée l'acclame avec enthousiasme. Cole se tourne ensuite vers le groupe de Comanches qui se tient également face à lui. Leur chef, Genou Rouge, lui rend son regard de son œil unique, l'autre ayant été perdu au cours d'une bataille, des années auparavant.

— Je vous assure que vous, les Comanches, n'avez rien à craindre. J'ai combattu durant quatre années au sein de l'armée, et je suis vraiment las de la guerre. Aussi longtemps

que la paix durera entre nous, nous respecterons tous les traités.

Le visage impassible, Genou Rouge agit comme s'il n'avait rien entendu. Puis il fait volte-face et s'éloigne, aussitôt imité par ses hommes.

S'étant attendu à une réaction de ce genre, Cole ignore l'affront. Après tout, la guerre qui les a opposés demeure encore vive dans les mémoires, et malgré les traités de paix, les rapports entre les deux communautés restent tendus, spécialement dans cette région frontalière. Et, il faut l'admettre, les Indiens ne sont pas les seuls responsables de ces tensions.

Cole continue, sans se soucier du départ des Comanches.

— Quant aux hors-la-loi qui s'en prennent aux plus faibles, ceux-là n'ont qu'à bien se tenir ! Grâce à nous, la loi et l'ordre sont enfin parvenus jusqu'au Far West...

Comme pour prouver cette affirmation, le shérif déroule un grand morceau de papier qu'il montre à la ronde. C'est un avis

de recherche. Sous l'inscription « *Wanted* », s'étale l'image d'un bandit au visage à demi brûlé.

— Voici pourquoi je lance un avis pour faire venir ici le célèbre Comanche hors la loi, Butch Cavendish, afin qu'il réponde de ses crimes devant la justice. Mesdames et messieurs, un brillant avenir vous est promis.

Après une nouvelle vague de cris de joie et d'applaudissements, la foule se disperse. Cole est on ne peut plus satisfait de son discours. Les gens l'aiment, et une fois Cavendish exécuté, ils l'adoreront. Rien ne semble pouvoir ternir ce jour magnifique et sa bonne humeur…

— Latham, roucoule une voix au creux de son oreille.

Le sourire suffisant de Cole disparaît instantanément devant Red Harrington, la femme à l'affreuse chevelure rouge qui vient de l'accoster. Gêné, il n'a aucune envie d'être vu avec cette créature inconvenante, mais, de toute évidence, Red s'en moque.

— Je voulais juste vous dire combien je vous suis reconnaissante de prévoir ici la pendaison de cet animal, à laquelle je pourrai avoir la chance d'assister.

— Bien. Maintenant, si vous voulez m'excuser, Miss Harrington, j'ai des choses à faire, répond Cole d'un ton méprisant, en la bousculant pour passer.

Il se dirige vers le marché de fortune installé un peu plus haut, dans la rue. En le traversant, il est assailli de toutes parts par des gens qui souhaitent lui serrer la main et le féliciter, si bien qu'il prend un certain temps à enfin trouver ce qu'il cherche. Ou plutôt, *celle* qu'il cherche.

Accompagnée de son jeune fils Danny, Rebecca Reid contemple un étal recouvert d'écharpes de soie et d'ombrelles aux couleurs vives. Afin d'attirer le chaland, une publicité montre de magnifiques jeunes

femmes qui affichent ces foulards en se promenant dans les rues d'une cité animée.

N'y résistant plus, Rebecca porte un foulard bleu à son cou. Elle caresse le tissu soyeux, en se demandant si elle pourrait ressembler aux belles jeunes femmes de l'affiche. La vendeuse, Kai, lui tend un miroir. Pendant un court instant, face à son reflet, Rebecca a vraiment l'impression d'être... belle.

— Pour toi, affirme Kai, en fourrant de force le foulard dans la main de Rebecca.

— Elle a raison, remarque Cole. Cette couleur est assortie à vos yeux.

Embarrassée, Rebecca remercie Kai avant de ranger l'écharpe au fond de sa poche. Cole et elle se mettent à marcher côte à côte, suivis de près par Danny. La jeune femme se sent agacée : elle est mariée, et malgré cela, Cole semble quand même s'intéresser à elle. C'est déconcertant.

— Je ne pensais pas que vous viendriez, dit Cole.

— Je voulais juste connaître la cause de toute cette agitation.

Cole se tourne vers Danny.

— Un jour prochain, tu pourras prendre un train de Colby à San Francisco, en mangeant des huîtres de New York, aller jusqu'en Chine par bateau et revenir.

— C'est vrai, maman ? demande le garçon.

— Je le croirai quand je le verrai, répond prudemment sa mère.

Ils s'arrêtent devant un stand de jouets. Cole en choisit un et l'offre à Danny avant de se retourner vers Rebecca.

— Je suppose qu'avec le modeste salaire d'un homme de loi, ça ne doit pas être évident pour vous.

— Nous nous débrouillons très bien, rétorque sèchement la jeune femme en replaçant le jouet de Danny sur la table.

Pourtant, s'occuper seule de la ferme pendant que son mari sillonne la contrée n'est pas facile tous les jours. Mais c'est la vie qu'elle a choisie en épousant Dan Reid, un ranger du Texas.

— Je ne voulais pas être irrespectueux, poursuit Cole en sentant qu'il est peut-être

allé trop loin. Des hommes comme votre époux sont rares. En réalité, je l'envie : une belle famille, un garçon qui porte son nom… Simplement, je déteste voir un oiseau en cage, ajoute-t-il, le regard rivé sur Rebecca.

Sur ces mots, Cole s'en va en laissant la jeune femme un peu effrayée.

Pendant ce temps, Dan Reid se trouve dans une autre ville de ce satané désert. Près de lui, cinq autres rangers aux longues vestes poussiéreuses, leurs chapeaux rabattus sur les yeux, avancent avec lui vers le bureau des télégrammes et font déguerpir les importuns sur leur chemin.

Parvenu devant le télégraphiste, Dan écarte son manteau pour laisser entrevoir son badge de ranger.

L'opérateur examine l'insigne argenté, puis déchiffre à voix haute le message qu'il vient juste de recevoir. Le nom du tristement célèbre Cavendish y figure.

— « Homme conduit jusqu'à la frontière, mis dans un train et réexpédié »… Ça ne veut rien dire, commente le télégraphiste.

Clayton, l'un des rangers, plonge une main dans le bocal de friandises posé sur le comptoir.

— On dirait qu'ils sont à court de corde, dans l'Oklahoma !

— M. Cole veut montrer l'exemple, explique Navarro, un autre ranger, en admirant son reflet dans la vitre de la fenêtre.

— Une chose est sûre, Cavendish veut sa revanche sur toi, Dan, déclare Martin.

À ses côtés, le ranger Blaine acquiesce.

— Il paraît que Cavendish a mangé le cœur d'un soldat pendant la guerre du Missouri, explique-t-il, pour ajouter son grain de sel à la conversation. Il l'a avalé en entier alors qu'il battait encore !

— Moi, j'ai entendu dire que c'étaient les yeux. Il les aurait enfilés au bout d'un cure-dents comme deux oignons au vinaigre, renchérit Martin. Quelle version est la bonne ? demande-t-il à leur chef.

Mais Dan Reid se contente de hausser ses larges épaules.

— Je ne vois pas quelle différence ça fait.

Il n'a pas de temps à perdre en vaines dis-cussions. Cavendish est en chemin, à bord d'un train express, et tout ce qui importe à Dan, c'est de le ramener sans dommage à Colby.

Pas question de le laisser s'échapper.

Chapitre 2

Assis dans un train, John Reid est plongé dans ses pensées. Il est sur le point d'atteindre sa destination… Un peu plus loin dans le wagon, un pasteur invite un groupe de femmes à prier, mais John n'y prête pas attention. Cela fait huit ans qu'il n'est pas revenu à Colby. Et neuf ans qu'il a quitté le confort de son foyer pour entrer à l'université. Une éternité ! Et il a tellement changé…

Lorsqu'il est parti, il n'était encore qu'un garçon mal élevé, un peu brutal sur les bords. Et voilà qu'il revient en tant qu'avocat, revêtu de son costume trois-pièces flambant neuf ! Pourtant, au lieu de se sentir excité, John a des nœuds à l'estomac, tandis qu'il ouvre nerveusement le livre posé sur ses genoux pour en extirper une photo. Le cliché écorné montre Rebecca assise au bord d'une rivière. John tend la main et suit doucement le contour de son visage du bout des doigts, comme il l'a fait si souvent depuis son départ.

Tout à coup, une poupée atterrit à ses pieds. Surpris, il lève les yeux et repère une petite fille au regard suppliant, assise de l'autre côté de l'allée. Il ramasse la poupée, défroisse sa robe et la lance en souriant à sa propriétaire. Mais à peine le jouet a-t-il quitté ses mains qu'une bourrasque de vent

provenant d'une fenêtre ouverte l'emporte à l'extérieur, par une autre fenêtre.

Après un instant de stupeur, la petite fille comprend qu'elle ne reverra plus son jouet et se met à pleurer. Très fort. Ses cris interrompent les prières de sa mère qui se retourne vers John. Elle remarque son désarroi et lui décoche un sourire.

— Vous voulez vous joindre à nous ?

John lui rend sa gentillesse, mais secoue la tête.

— Mille mercis, mais voici ma seule Bible, répond-il en brandissant un exemplaire de son bien le plus précieux : *Deux traités du gouvernement,* de John Locke.

Alors que la femme reprend ses prières, John remarque un homme moustachu à l'allure patibulaire, qui remonte l'allée centrale. Le jeune homme se met à gesticuler nerveusement sur son siège. Les trains pullulent d'individus peu fréquentables, tout comme la ville de Colby d'ailleurs, et il faut être vigilant. Mais subitement, John se détend. Il vient d'apercevoir le badge argenté que l'homme porte à sa ceinture.

Rien à craindre : c'est un Texas ranger !

Le ranger fend le vent qui s'engouffre en sifflant entre les deux wagons et enjambe l'espace qui les sépare pour venir frapper à la porte devant lui. De l'autre côté, un verrou glisse, et la porte s'ouvre.

Le compartiment est quasiment vide, hormis trois passagers – un autre ranger et deux prisonniers. Le ranger moustachu referme la porte, traverse la voiture et tend une boisson fraîche à son collègue.

Il se retourne ensuite pour donner un coup de pied dans la jambe enchaînée de l'un des détenus.

— C'est bientôt l'heure de la pendaison, Butch.

Mais le prisonnier ne bouge pas d'un cil.

— Tu as entendu ce que je viens de dire ?

L'homme enchaîné daigne enfin relever la tête. Il faut bien l'admettre, l'image de l'avis de recherche ne lui rend pas justice, parce qu'en vrai... le criminel est encore plus effrayant ! Non seulement son visage est brûlé d'un côté, mais il est aussi criblé d'une impressionnante collection

30

de cicatrices. Des boursouflures longues, souvenirs des nombreux coups de couteau qu'il a reçus, et des plus rondes, provenant d'anciennes blessures par balles. Indifférent au reste du monde, Cavendish sifflote comme si de rien n'était.

Le ranger observe alors le second prisonnier. C'est Tonto, qui tient dans sa main une montre à gousset hors d'état de marche. Sous le regard du ranger, Tonto fait virevolter la montre dans les airs, la rattrape et essaye de l'ouvrir de la même manière qu'on ouvre l'un de ces briquets sophistiqués. Sans succès. Frustré, il recommence.

— Elle est cassée, dit le ranger. Tu ne le vois donc pas ?

Tonto l'observe, avec son visage peint complètement inexpressif. Agacé par l'attitude des deux prisonniers, le ranger laisse fuser un soupir avant d'aller s'asseoir près

de son partenaire. En attendant l'heure d'arrivée, ils se lancent dans une partie de cartes. Tout ce qu'ils ont à faire, c'est s'assurer que ces deux hors-la-loi restent solidement enchaînés. Enfantin.

Pendant que les deux rangers jouent aux cartes, Tonto lance sa montre cassée en chantonnant. Il veut l'ouvrir d'un seul geste, comme il a vu certains hommes le faire avec leur briquet. Mais après de nombreuses tentatives ratées, il finit par laisser tomber.

En glissant la montre dans sa pochette, Tonto note que Cavendish semble s'agiter. Il remarque aussi sa main ensanglantée, puis le clou retiré de l'une des lames du plancher… Par-dessus l'épaule de Cavendish, leurs gardiens continuent de passer le temps jusqu'à l'arrivée, inconscients de ce qui est en train de se dérouler juste sous leur nez.

Du coup, Tonto se met à chanter d'une voix forte.

Lentement, Cavendish retire un second clou.

Tonto chante encore plus fort.

Cavendish entreprend maintenant de retirer la lame.

Tonto se met à brailler tandis que l'autre prisonnier sort un pistolet caché sous le plancher.

Relevant le nez, le terrifiant hors-la-loi pose un doigt sur ses lèvres pour faire taire Tonto, qui obéit.

— Pause toilettes, chef ? demande Cavendish aux rangers, qui ne se doutent de rien.

— Nerveux, hein ? répond le ranger moustachu en se levant.

Tandis qu'il accompagne Cavendish jusqu'aux toilettes immondes installées dans un coin du train, Tonto glisse la main dans sa pochette et en sort une poignée de graines pour oiseaux. Il doit à tout prix capter l'attention du ranger. Il jette une pincée de graines sur l'homme de loi. Aucune réaction. Il en lance un peu plus. Toujours rien.

Alors, il en jette carrément une grosse poignée.

Le ranger le regarde enfin, et Tonto bouge frénétiquement en désignant

Cavendish. Puis, avec son pouce et son index, il mime un pistolet. Éberlué, le ranger semble enfin saisir le message. Il porte la main à son arme...

Trop tard ! Au même instant, Cavendish fait feu. *BOUM !* D'un seul tir, il abat le ranger moustachu, avant de s'occuper du second, qui s'écroule à son tour sur le sol.

Son pistolet encore fumant, Cavendish se retourne ensuite vers Tonto, dont la main est restée figée en forme de pistolet, et le fusille du regard. Comme s'il n'avait rien fait, Tonto sort de nouvelles graines et nourrit l'oiseau qu'il a sur la tête...

Dans le wagon voisin, John observe le paysage à travers la fenêtre. Depuis des heures, c'est toujours la même ombre, celle du train, qui file sur le même sol poussiéreux, celui du désert. On ne peut pas dire que ce soit franchement captivant !

Mais soudain, quelque chose change.

Ça alors, l'ombre d'un homme apparaît sur le toit du wagon !

Intrigué, John se lève pour rejoindre l'arrière de la voiture. Une première fois repoussé par le vent violent, il réussit à sortir et repère aussitôt l'échelle qui permet d'accéder au toit.

Sur le point de monter, il jette au passage un coup d'œil par la fenêtre de l'autre wagon...

En apercevant les jambes immobiles étendues sur le plancher, John attrape la hache d'incendie accrochée à la paroi du wagon et la brandit au-dessus de sa tête.

Il ignore ce qu'il se passe, mais il est bien déterminé à le découvrir. Et à se défendre, aussi.

Chapitre 3

Dans le wagon des prisonniers, Tonto ne peut s'empêcher de loucher sur le revolver que Cavendish pointe sur lui. Pourtant, aussi calmement que possible, il continue de nourrir son compagnon à plumes.

— Ça fait quinze heures que je te regarde nourrir cet oiseau, maugrée Cavendish.

— Oiseau, faim, répond Tonto.

Cavendish secoue la tête, en appuyant le canon de son arme sur le front de Tonto.

— Tu es vraiment cinglé, pas vrai ?

Tonto lève les yeux.

— Ce qu'il y a *après* la vie ne m'effraie pas.

Armant son pistolet, Cavendish sourit cruellement.

— Il n'y a rien après.

Il presse lentement sur la gâchette... quand, soudain, un bruit violent retentit derrière eux.

Comme une bourrasque, John Reid vient de faire irruption dans le wagon. Cavendish pointe immédiatement son revolver sur lui et le tient en joue.

— Chouette costume, ricane-t-il, prêt à faire feu.

Mais avant qu'il n'ait pu tirer, Cavendish entend un bruit qu'il connaît par cœur, et pour cause, c'est celui d'un pistolet que l'on arme. En se retournant, il découvre Tonto, le regard féroce et assassin, qui brandit l'arme de l'un des rangers morts.

— Le moment est finalement venu, Wendigo.

Wendigo ? Ce mot résonne étrangement

dans l'esprit de Cavendish... Il se baisse pour poser son pistolet sur le sol.

— Je te connais, l'Indien ?

Tonto sort sa montre à gousset.

— En effet, tu me connais. Tu me connais par les hurlements de mes ancêtres dans le vent du désert, comme tu apprendras à connaître leurs cris de joie lorsque je t'aurai rayé de la surface de la terre.

Tonto appuie sur la détente...

Mais, avec souplesse, John fait tomber son arme sur le plancher et l'éloigne d'un coup de pied, avant de saisir celle de Cavendish.

— Ça ne sera pas nécessaire, déclare-t-il.

Furieux, Tonto se précipite sur lui, oubliant pendant un instant qu'il est, hélas, toujours enchaîné, et donc impuissant.

— Je suis procureur. Je verrai dans quelle mesure je peux le poursuivre devant la justice, continue John en sortant une paire de menottes.

— Quel genre d'avocat se promène sans arme ? s'étonne Cavendish.

— Là où ce train nous emmène, il n'y a pas de place pour un homme armé.

— Ah bon ? Où ça ? interroge le hors-la-loi.

— Dans le futur, répond John en ouvrant le chargeur de son arme pour en retirer les balles.

Mais brusquement, la porte latérale du wagon s'ouvre sur cinq hommes à cheval, qui pointent leurs armes sur lui. Les acolytes de Cavendish !

En une poignée de secondes, John se retrouve enchaîné au sol à côté de Tonto, pendant que Cavendish a tout le loisir de s'enfuir. Juste avant de les abandonner à leur triste sort, il jette un coup d'œil goguenard aux deux hommes.

— Un avocat et un Indien fou. Je parie que vous avez beaucoup de choses à vous raconter… Par contre, il va falloir faire vite ! ajoute le brigand par-dessus son épaule.

Ses hommes ont pris soin de supprimer le conducteur du train, qui fonce désormais sur les rails, incontrôlable. Avec un ricanement sinistre, Cavendish saute du wagon et atterrit sur son cheval.

Pas besoin de gaspiller des munitions :

dans quelques minutes, le train ira s'écraser en bout de ligne, et ses passagers avec.

Alors que l'engin prend une accélération critique, John se tourne vers Tonto. L'Indien le dévisage, le regard rempli de haine. L'avocat se demande ce qu'il va bien pouvoir faire, maintenant.

Avec une certaine impatience, le ranger Reid attend sur le quai, lorsque le train qui transporte son prisonnier apparaît enfin à l'horizon. Il opine du chef, heureux que tout se déroule comme prévu. Cavendish n'est pas n'importe quel bandit, et cette mission aurait tendance à rendre Dan un tantinet nerveux. Il a simplement hâte que tout ça soit fini.

Mais son soulagement est de courte durée, car il comprend vite qu'il y a un problème. Le train roule vite. Beaucoup trop vite.

Le télégraphiste s'approche de lui.

— Il devrait déjà avoir ralenti, remarque également le vieil homme.

Les deux hommes regardent le train approcher à toute vitesse, ses roues grondant de plus en plus fort sur les rails.

Dans un violent courant d'air, l'engin passe devant eux, ne laissant derrière lui qu'un nuage de poussière et l'odeur du charbon. Comme un seul homme, les rangers bondissent sur leurs chevaux et se lancent à sa poursuite. Mais comment rattraper ce monstre de métal ? Et si jamais ils échouent, qu'adviendra-t-il des passagers ?

À l'intérieur du wagon carcéral, le silence est pesant. John essaye d'engager la conversation, mais il est vite refroidi par le regard glacial de Tonto. Cet Indien lui fait perdre tous ses moyens.

Et quand le train passe en trombe devant le quai, John sent la panique monter d'un cran. Et même de deux, voire trois. Affolé, il se met à tirer sur ses chaînes, même s'il

sait que c'est inutile. Ce n'est pas avec ses mains d'avocat qu'il peut espérer rompre de l'acier.

Pendant que son compagnon d'infortune s'agite dans son coin, Tonto tend un pied pour attraper la hache que John a laissé tomber un peu plus tôt. Une fois l'outil entre ses mains, il fend le plancher, libérant ainsi la chaîne qui l'attachait au sol.

John lève les yeux.

— Je suis sûr qu'avoir aidé un procureur te vaudra l'indulgence du juge.

Mais, sans un mot, Tonto jette la hache et s'éloigne... avant de se rendre compte qu'il est lui-même enchaîné à John ! Un boulet humain. Voilà qui est très ennuyeux !

Pendant un instant, les deux hommes se jaugent du regard. Même si aucun d'eux n'en a envie, il est clair qu'ils ne pourront aller nulle part l'un sans l'autre. Ils n'ont pas le choix : ils vont devoir faire équipe. Et il y a urgence ! À l'extérieur, le paysage défile de plus en plus vite.

John se creuse les méninges pour trouver un plan, mais l'école de droit ne l'a pas

préparé à affronter ce genre de situation !
Des jurés indécis ? Il peut les influencer. Un
juge borné ? Il peut discuter avec lui. Mais
un train fou plein de passagers innocents ?
Ça, ça dépasse clairement ses compétences.

Interrompant le fil de sa réflexion, Tonto
tire d'un coup sec sur la chaîne pour l'obli-
ger à se lever. Puis il l'entraîne de force
jusqu'à la porte.

Quelques instants plus tard, ils se
retrouvent sur le toit du train. Au loin, John
aperçoit le bout de la ligne. Il déglutit. Et
maintenant ?

— On saute, dit Tonto, comme s'il lisait
dans ses pensées.

L'Indien avance d'un pas, mais John le
retient.

— Et les passagers ?

— Ils n'ont qu'à sauter, eux aussi, répond
Tonto avec un haussement d'épaules.

— Il y a des enfants à bord ! proteste
John. Tu n'as donc aucune décence ?

Tonto plisse les yeux dans une expression
de fureur pure.

— Le Wendigo s'est échappé ! hurle-t-il.

Il pousse John vers le bord. En réponse, John tire du côté opposé. Tonto réplique, et ainsi de suite. C'est à celui qui tirera le plus fort. Ce petit manège dure un moment, jusqu'à ce qu'ils se retrouvent à deux doigts de tomber du train.

Soudain, un bruit les stoppe net. Jésus, l'un des hommes de Cavendish, surgit sur le toit. Sans avoir besoin de se concerter, John et Tonto se ruent sur le hors-la-loi, en tendant leur chaîne au maximum. L'arme improvisée vient frapper le bandit en pleine poitrine. Un de moins.

Mais sitôt ce premier « problème » réglé, un second se présente en la personne de Franck, un autre comparse de Cavendish. Ce dernier tient une valise débordant de vêtements féminins.

— Pourquoi est-ce que tu ne jettes pas ça, pour te battre comme un homme ? lui lance John, en levant les poings. Je te préviens, j'ai pratiqué la boxe à l'école de droit !

Il reçoit alors un coup de crosse dans le nez, qui le fait crier de douleur. De toute évidence, voilà encore une chose que

l'université ne lui a pas enseignée. John frotte son nez douloureux, quand, sifflant dans l'air, un lasso vient s'enrouler autour des jambes de Franck.

Éberlué, John se retourne… et sourit.

Sur son cheval lancé au galop, Dan Reid s'empresse de jeter son lasso – et Franck – dans la poussière. Puis, tel un acrobate, il se met debout sur sa selle et… saute sur le train en marche.

— Grand guerrier, admire Tonto.

— Ouais, c'est mon frère, précise John.

Après avoir escaladé le côté du train, Dan les rejoint.

— Chouette costume ! déclare le ranger en ignorant le Comanche enchaîné à son frère.

Le compliment passe à mille lieues au-dessus de la tête de John, qui ne pense qu'à une chose : sauver les passagers.

— Il faut à tout prix arrêter ce train.

— Pas le temps, tranche Dan.

John lève un sourcil surpris. Cette attitude ne ressemble pas à son héros de frère.

— Je n'abandonnerai pas les passagers, insiste-t-il.

— Alors, aide-moi à détacher les wagons, répond simplement Dan.

Une fois parvenus en tête du train, les deux frères s'efforcent de détacher la locomotive du reste de la rame. C'est l'unique moyen de sauver tous ces innocents.

Mais la tâche s'avère plus difficile que prévu. L'attelage résiste. Dan et John ont beau y mettre toute leur hargne, rien n'y fait : ils ne réussissent pas à soulever la cheville métallique.

Tonto, qui était resté silencieux et inactif jusqu'ici, tend alors sa chaîne à John.

— Tiens-moi ça.

Puis, sous les yeux horrifiés de John, l'Indien se laisse tomber... sous le train !

Pendant que John lutte pour le maintenir au-dessus des rails, Dan parvient à soulever légèrement la cheville métallique. D'un coup de pied, Tonto en profite pour achever le travail et libérer complètement l'attelage.

Il y a une secousse, et le moteur vrombit tandis que la locomotive se détache des autres wagons, qui ralentissent progressivement.

Tirant sur la chaîne qui les unit, John hisse Tonto pour le mettre à l'abri. Ils ont réussi ! Enfin, presque… Car si Dan est du bon côté du train, son frère et Tonto, eux, se retrouvent à bord de la locomotive folle !

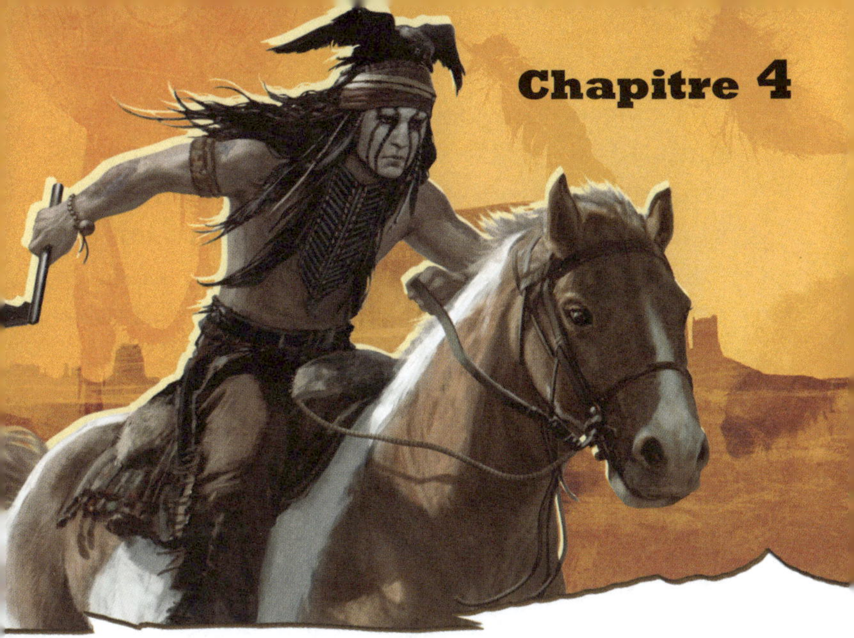

Chapitre 4

Dans un grondement de tous les diables, la locomotive lancée à une allure infernale finit par atteindre le terminus.

Le choc est si terrible que la machine s'envole et atterrit sur un tas de poutres, qu'elle pulvérise comme de simples allumettes. L'engin de quarante tonnes plane ensuite pendant un instant, avant de retomber brutalement sur le sol.

Le violent impact propulse John et Tonto dans les airs. Ils se mettent à virevolter comme deux boomerangs reliés par un fil, et une tige métallique tranchante, arrachée à la paroi de la locomotive, fonce droit sur eux ! Par une chance inouïe, l'objet volant vient trancher en deux la chaîne qui les unit.

Une fois le nuage de poussière dissipé, Tonto se relève doucement. La vue de la chaîne brisée lui arrache un sourire. C'est toujours ça de gagné. Satisfait, il commence à s'éloigner.

— Ne bouge plus, lance John derrière lui sur un ton déterminé, malgré ses mains toujours enchaînées. J'ai bien peur d'être obligé de t'emmener.

Tonto le fixe un moment du regard, avant de se remettre à marcher.

— Est-ce que tu as écouté ce que je viens de dire ? demande John en l'agrippant.

D'un geste, Tonto le retourne comme une crêpe et le cloue au sol.

Mais John n'a pas dit son dernier mot. Il attrape la jambe du Comanche, qui continue d'avancer en le tirant derrière lui. Mais

ce n'est pas un vulgaire « boulet humain » qui pourrait arrêter Tonto : lui non plus n'est pas décidé à abandonner la partie.

— Par le pouvoir qui m'est conféré, déclare John en toussant, la bouche pleine de poussière, je t'arrête.

Tout à coup, Tonto se fige. Juste devant lui, une silhouette se dessine. C'est celle de Dan Reid, juché sur son cheval.

— Tout va bien, petit frère ? demande-t-il en s'efforçant de masquer son amusement.

— Je conduis cet homme en détention, répond John, en relevant son visage couvert de terre.

Le regard de Dan se promène de son frère à l'homme auquel il s'accroche si pitoyablement.

— Et si on laissait à l'Indien une longueur d'avance, par égard pour ce qu'il a fait ?

Tonto s'empresse d'acquiescer. En voilà une bonne idée ! L'un des deux frères, au moins, semble raisonnable.

John se redresse en secouant la tête.

— S'il était à bord du train, c'est qu'il y avait une raison.

— Probablement, répond son frère, en se retournant vers Tonto : quel est ton crime ?

Tonto hausse les épaules.

— Être Indien.

— Et un homme aux yeux de la loi... poursuit John. Maintenant, lance-moi tes menottes, dit-il à son frère.

Mais Dan ne bouge pas.

— Dan... tes menottes, répète John.

Le ranger finit par jeter les menottes sur le sol.

— Comme tu veux.

Sur ses mots, Dan s'éloigne sur son cheval. Maintenant qu'il est de retour dans la région, son frère a vraisemblablement beaucoup de choses à apprendre.

Dans la prison de Colby, John referme la porte d'une cellule à double tour. Du mauvais côté des barreaux, Tonto le fusille du regard. Mais John est un avocat, désormais,

et même si son frère pense que la loi peut être contournée, lui ne partage pas cet avis. Il ne va pas se sentir coupable alors qu'il agit pour le bien de la population !

— Dan ?

Cette voix... John la reconnaîtrait entre mille. C'est celle de Rebecca, dont le visage est à la fois aussi beau, et tellement différent, que la dernière fois qu'il l'a vu.

Comprenant subitement qu'elle s'est trompée, Rebecca rectifie :

— John, ils ont parlé d'un accident. Quelqu'un a chuté du train ?

— En fait, c'était moi. Dan va bien, fidèle à lui-même.

Rebecca s'approche doucement de son beau-frère.

— Mon Dieu, ton visage ! s'exclame-t-elle en découvrant l'étendue de ses coupures et de ses contusions.

Passant immédiatement à l'action, Rebecca rassemble de quoi le soigner : de l'eau, du linge propre et de l'alcool. Elle pousse ensuite John dans un siège et entreprend de nettoyer ses blessures.

— C'est bon de te revoir, dit la jeune femme en souriant. Ça fait combien de temps ? Neuf ans ?

— Huit depuis que tu as arrêté de m'écrire, réplique John, la voix tendue.

Il n'avait pas prévu de la revoir aussi vite. Et surtout pas dans ces conditions.

Remarquant la nouvelle écharpe nouée autour du cou de Rebecca, John veut changer de sujet.

— Dan prend bien soin de toi, à ce que je vois.

— À sa façon, répond la jeune femme.

Son beau sourire s'efface, et elle se détourne un instant sous prétexte d'attraper quelque chose. Si seulement John savait…

— Il passe la plupart de son temps sur le territoire indien, explique Rebecca.

— Le territoire indien ? s'étonne John. Ce n'est pourtant pas son genre. Et il fait quoi, là-bas ?

— Il ne m'en parle pas, rétorque sèchement sa belle-sœur pour mettre un terme à cette conversation pénible. Au fait, tu as un endroit pour dormir ?

— Pas encore.

— Alors, tu viens chez nous, à Willow Creek, décrète Rebecca en tamponnant la joue du blessé avec de l'alcool. Regarde-toi, garçon des villes ! Pourquoi as-tu voulu revenir ici ?

John est chamboulé par l'émotion qu'il peut lire dans les yeux de Rebecca.

— C'est chez moi.

Ou, tout du moins, ça l'était, pense-t-il. Ils sont soudain interrompus par une voix d'enfant.

— Tu es qui ?

Un jeune garçon se tient dans l'embrasure de la porte.

— Danny, lui répond doucement Rebecca, voici ton oncle John.

Ce dernier se lève pour observer son neveu.

— Quel âge as-tu ? demande-t-il en souriant.

— Sept ans.

— Tu ressembles à ton père lorsqu'il avait ton âge, remarque John en essayant de se comporter en oncle, même si ce titre lui semble très énigmatique.

Danny se tourne vers sa mère.

— Ils vont encore partir, dit-il.

Sans un mot, Rebecca se lève et quitte la prison. Après un instant d'hésitation, John décide de la suivre pour découvrir ce qu'il se passe.

Derrière eux, accroupi dans sa cellule, Tonto s'est remis à chanter. Tout en prononçant ce qui ressemble à une incantation, il lève les bras. Son ombre s'étire mystérieusement sur le sol, puis les murs. Durant un moment, elle semble prendre la forme d'un oiseau…

Le long de la rue principale, Dan et ses rangers sellent leurs chevaux. Ils chargent leurs armes, vérifient leurs provisions et resserrent les rênes de leurs montures. Concentré sur son fusil, Dan remarque Rebecca et John qui approchent.

— Tu repars déjà ? demande la jeune femme.

Dan hoche la tête.

— Nous devons les rattraper avant qu'ils atteignent leur territoire.

— Je viens avec toi, décide John. Ils méritent un procès.

Ignorant son jeune frère, Dan glisse son fusil dans l'étui de la selle.

— Deux rangers sont morts. Il n'y aura aucun procès.

— C'est la loi, persiste John.

— La loi paraît différente quand on est sur le terrain, déclare son frère d'un ton las.

John sait qu'il l'irrite profondément, mais il n'a aucune intention de rester en retrait. C'est vrai, ça fait un bout de temps qu'il n'est pas venu dans le coin. Et il n'a pas autant d'expérience que Dan. Mais il connaît la loi. Et c'est son devoir de l'appliquer jusqu'au bout.

— Tu ne dois pas être motivé par la vengeance, continue John, avant de se mettre à réciter : « Partout où les hommes s'unissent pour former des sociétés, ils doivent abandonner les lois de la nature… »

57

— « ... et adopter celles des hommes »,
termine une voix derrière lui.

John fait volte-face et découvre un
homme en costume hors de prix, ainsi
qu'un autre, qui semble être son assistant.

— John Locke, termine l'arrivant qui a
reconnu l'auteur de la citation. Je ne pensais jamais entendre ces mots à Colby !

— Monsieur Cole, intervient Dan. Voici
mon frère John, il est le nouveau procureur
du comté.

— Latham Cole ? demande John, en
s'empressant de tendre la main. C'est un
honneur, monsieur. J'ai lu beaucoup de
choses à votre sujet.

Cole acquiesce. Ce genre de réaction ne
l'étonne pas du tout. En fait, il n'en attendait pas moins, mais il n'est pas venu dans
cette rue sale et poussiéreuse pour papoter.
Se tournant vers Dan, il demande :

— Vous poursuivez Cavendish ?

— Collins est sur sa trace, explique
Dan en désignant un immense ranger
barbu.

À cet instant, Collins fourrage dans sa

barbe et y déniche quelque chose qu'il glisse ensuite dans sa bouche. Cela amuse John, habitué depuis l'enfance aux manières peu distinguées du ranger.

— Vous lui faites confiance ? demande Cole à Dan.

— Oui. Il a travaillé pour mon père.

— Je l'espère. Le chemin de fer a promis de pendre ces individus.

— J'ignorais que c'étaient les affaires du chemin de fer, rétorque Dan.

L'air devient subitement électrique entre les deux hommes, qui se défient silencieusement du regard.

— C'est une tâche facile, aller chercher le prisonnier et le conduire ensuite ici pour son exécution. Si vous n'êtes pas en mesure de le faire, monsieur Reid, je trouverai quelqu'un d'autre.

Sur ces mots, il incline son chapeau pour saluer Rebecca et s'en va. En le regardant s'éloigner, John s'interroge : pourquoi son frère semble-t-il tant détester cet homme ? Cole est un héros de guerre, et incontestablement une personne importante dans la

région. Que s'est-il passé entre eux deux pour qu'ils en arrivent là ?

De son côté, Dan se baisse pour se mettre à la hauteur de son fils et lui offre un lance-pierre. Danny se précipite dans ses bras, en luttant contre une montée de larmes. Ému, son père l'étreint très fort avant de se résoudre à enfourcher son cheval. Fouillant dans sa poche, il en extirpe un objet qu'il lance à John : un badge argenté de ranger, au nom de Reid. Celui de leur père.

John contemple l'insigne, sans en croire ses yeux.

— Par la présente, je te nomme Texas ranger par intérim, déclare Dan, sur un ton solennel.

Il s'interrompt un instant avant d'ajouter :

— Par contre, je ne peux rien faire pour les vêtements.

Chapitre 5

C'est une magnifique journée pour tra-
quer les hors-la-loi. Le ciel est bleu, sans
nuages. Tandis que Dan, John et les autres
rangers galopent en direction d'un lointain
canyon, les sabots de leurs montures mar-
tèlent le sol sec et poussiéreux du désert.

Sur son cheval, John ajuste le rebord
de son chapeau. Il vient de repérer un
grand cheval blanc à l'horizon. Alors que
les hommes de loi atteignent un bosquet,

au bas du canyon, le cheval est toujours là, près de la végétation clairsemée.

Suivant le regard de son frère, Dan explique :

— Les Indiens l'appellent le cheval fantôme. Il est prêt à te transporter *de l'autre côté.*

John roule les yeux.

— Tes histoires à dormir debout ne m'effrayent plus, tu sais.

C'est alors que, dans un rayon de soleil, il remarque le petit totem argenté accroché au cou de Dan.

— Depuis quand est-ce que tu portes des bijoux indiens ?

— Depuis que mon petit frère est devenu avocat.

— Le monde a autant besoin d'avocats que de rangers, rétorque John, piqué au vif.

— Si tu le dis, réplique Dan avec un petit sourire moqueur. D'ailleurs, en passant, chouette chapeau ! Ils n'en avaient pas un plus grand ?

Puis, dans un éclat de rire, il lance son cheval au grand galop en laissant son frère

derrière lui. John pousse un soupir. Quand Dan arrêtera-t-il de le traiter en gamin ? John a vu des choses dont son frère n'a pas idée. Il a vécu dans une grande ville, a étudié sans relâche pour devenir ce qu'il est aujourd'hui. Pourtant, Dan le considère toujours comme un petit frère casse-pieds.

— Tu lui as manqué, lui confie Collins, tout près.

— J'ai bien failli y croire, répond John, avec amertume.

Réprimant sa contrariété, il examine le ranger. Cela fait des années que lui et Dan travaillent ensemble. Collins doit connaître son frère mieux que quiconque, ce qui signifie qu'il connaît peut-être la réponse à la question qui turlupine John depuis qu'ils ont quitté Colby.

— Au fait, quel le problème entre M. Cole et mon frère ?

— Dan a travaillé pour le chemin de fer et il a dû forcer les fermiers à quitter leurs propriétés. Ça ne lui a pas plu.

— Un homme ne peut pas rester le même quand le monde évolue autour de

lui, répond John. Même s'il le souhaite de toutes ses forces.

Collins jette une bouteille de whisky vide par-dessus son épaule.

— C'est ce que votre père disait. Il l'avait prévu. C'est d'ailleurs pour ça qu'il t'a envoyé à l'université.

Il extirpe une autre bouteille de sa selle, ce que John désapprouve d'un froncement de sourcils.

Pendant que les rangers discutent et plaisantent entre eux, le jeune avocat reste silencieux. Leurs liens sont puissants, tissés au fil d'interminables virées à cheval et de toutes les longues nuits passées ensemble à la belle étoile. Pour la énième fois, il se demande s'il a vraiment sa place parmi eux...

Après avoir établi un camp pour la nuit, la petite troupe repart à l'aube. Peu de temps après, ils atteignent l'entrée d'un étroit canyon, appelé le Trou de Bryant. Deux rochers blancs dentelés se dressent comme s'ils voulaient transpercer le ciel azur.

Les rangers restent étonnamment silencieux. La tension est palpable.

— On pourrait passer par les plaines ? suggère Navarro.

— Et perdre une journée, rétorque Collins en secouant la tête. Peut-être même une journée et demie.

— Tu en penses quoi, Dan ? demande Navarro, en se tournant vers leur chef.

— J'en pense que Collins va aller jeter un coup d'œil, s'il peut rester en selle.

Comme pour prouver qu'il n'a aucun problème d'équilibre, Collins donne un coup d'éperons dans les flancs de son cheval, qui part au galop. Il fonce à toute allure à travers le canyon. Comme le tonnerre, le bruit des sabots résonne contre les parois rocheuses, avant de s'atténuer progressivement.

Près de John, Dan empoigne un pistolet accroché à sa ceinture. Cet endroit est idéal pour préparer un guet-apens. Si Cavendish les attend, terré sur les hauteurs, Dan et sa bande seront pris au piège.

À cet instant, un sifflement retentit, à

l'entrée du canyon. Levant les yeux, John avise Collins, déjà de retour, qui leur fait signe de le rejoindre : la voie est libre, ils peuvent y aller. Après un dernier signe de la main, Collins disparaît. Derrière les autres rangers, John entre à son tour dans le Trou de Bryant.

À l'intérieur du canyon, les hautes parois abritent le sol du soleil, et l'air est plus frais. Les rangers avancent en file indienne le long du lit asséché d'une rivière, le martèlement de leurs chevaux rompant le silence inquiétant des lieux. Une ombre passe au-dessus d'eux. Nerveux, les rangers libèrent l'étui de leurs revolvers, tandis que Dan saisit son fusil.

Quelque chose cloche.

— Où est Collins ? interroge Dan.

Un coup de feu retentit. La seconde d'après, Navarro tombe de sa selle.

Une pluie de balles s'abat sur les rangers. Clayton s'effondre, puis Hollis. Les tirs continuent de fuser de toutes parts, sans qu'aucun des hommes ne puisse déterminer d'où ils proviennent. C'est comme s'ils étaient attaqués par des fantômes. Les rangers se dispersent, mais il est déjà trop tard : en l'espace de quelques instants, Martin est touché. Puis, Blaine. John se penche sur sa selle. Il peut distinguer l'extrémité du canyon, droit devant lui. Il voit aussi Dan qui file se mettre à l'abri. Encore quelques mètres...

Tout à coup, il perçoit un bruit sourd. Sans qu'il ait pu réagir, son cheval s'effondre, en le coinçant sous son poids. John s'efforce de le repousser, en vain. La bête est beaucoup trop lourde. Tandis que des coups de feu sifflent de tous les côtés, il se dit qu'il est un homme mort.

— Prends ma main !

John aperçoit Dan qui a rebroussé chemin. Il est revenu pour lui ! Le jeune avocat attrape le bras de son frère, parvenant ainsi à se dégager, quand soudain...

Un coup de feu.

Avec un hennissement de terreur, le cheval de Dan se cabre. Comme dans une scène au ralenti, le ranger glisse doucement de sa selle et tombe sur le sol. Se ruant vers son frère, John soulève sa tête et la pose sur

ses genoux. La tache rouge sur le torse de Dan s'élargit à toute vitesse.

— Elle t'a toujours aimé, murmure Dan dans un souffle, en comprenant qu'il va mourir. Prends soin d'elle pour moi.

John secoue la tête, au bord des larmes. Ça ne peut pas être en train d'arriver… C'est impossible ! Dan est fort, il ne peut pas mourir.

— Tiens bon, supplie le jeune ranger, en secouant doucement son frère.

— Tu n'aurais pas dû revenir, Johnny… J'ai tout fichu en l'air.

N'écoutant pas les protestations de son frère, John le hisse sur ses épaules, bien décidé à les sortir de ce guêpier. Mais il n'a même pas le temps de faire un pas… Une détonation. Une douleur brûlante. Puis plus rien.

Le canyon a retrouvé son éternel silence. Traversant le nuage de poussière, Cavendish et sa bande s'approchent des rangers à terre.

Le Wendigo s'arrête devant Dan, qui lutte pour continuer de respirer, le visage atrocement pâle.

— Tu as connu des jours meilleurs, se moque cruellement Cavendish.

Rassemblant le peu de forces qui lui restent, Dan parvient à redresser la tête et à le maudire. Lentement, Cavendish saisit une larme incurvée attachée à sa ceinture.

— À cause de toi, j'ai passé un an enfermé dans une cellule surchauffée à Tulsa ! Tu m'as volé quelque chose, je vais te rendre la pareille...

Tout près, allongé sur le sol, John s'évertue à reprendre connaissance. Il réussit à ouvrir les paupières par instants, ce qui lui permet seulement d'entrevoir ce qu'il se passe. Par contre, il entend parfaitement la voix diabolique de Cavendish, qui se délecte de l'agonie de son frère.

Avant de s'évanouir une nouvelle fois, John a juste le temps de voir le criminel se redresser, les mains rouges de sang. Il voudrait crier, mais il sombre malgré lui dans les ténèbres de l'inconscience.

Alors que Cavendish s'essuie les mains, l'un de ses hommes s'agenouille devant le corps sans vie de Dan. C'est Collins, les yeux embués de larmes.

— L'accord meurt avec toi, vieil ami.

Le grand ranger arrache le pendentif de Dan, mais Jésus le lui prend aussitôt des mains. Un moment plus tard, Cavendish ordonne à ses hommes, y compris Collins, de remonter en selle, abandonnant les rangers dans leur tombeau à ciel ouvert.

Chapitre 6

Parvenu à son point culminant, le soleil inonde désormais le canyon de ses rayons chauds. Mais ça ne suffit pas à adoucir la vision des vautours qui, alléchés par les cadavres, planent en cercle, de plus en plus bas. Plusieurs charognards finissent par se poser. Ils battent des ailes et s'approchent d'une dépouille en sautillant. Mais une pierre surgie de nulle part vient les chasser.

Un instant plus tard, Tonto apparaît mysté-rieusement. D'une façon ou d'une autre, il a réussi à s'évader de prison. Derrière lui, se trouve une triste collection de tombes fraîchement creusées. Six d'entre elles sont d'ores et déjà occupées. Mais sa tâche n'est pas encore terminée. Attrapant un ranger par les chevilles, il le traîne en douceur vers l'une des sépultures vides.

Tonto commence à chanter, sa voix réson-nant dans le canyon, tandis qu'il invoque les âmes des rangers. Puis, à la manière des gens de son peuple, il se met à fouiller les corps. Il prend une paire de bottes à l'un d'entre eux, une petite boîte argentée à un autre, un chapelet à un troisième.

Pour chaque objet pris, il laisse quelque chose à la place : une plume pour les bottes, une ficelle pour la boîte à pilules, une coquille pour le rosaire.

La dernière tombe est celle de John Reid. Remarquant le badge argenté épinglé à sa veste, Tonto saute dans le trou où il repose.

Tout à coup, la main de John se dresse et agrippe le poignet du Comanche. Effrayé,

Tonto tombe à la renverse. Il s'agite pour se libérer, mais l'emprise du cadavre semble incroyablement forte. Après un rapide coup d'œil, il repère une pierre dont il se sert pour frapper John à la tête. Le corps le lâche enfin.

Se ruant hors de la tombe, Tonto tente de reprendre son souffle. John Reid est mort, tué par balle. L'Indien a pris soin de le vérifier avant de l'allonger dans sa dernière demeure. Alors, comment a-t-il pu attraper son bras ?

Tonto scrute nerveusement les alentours. Hormis les vautours, il n'y a aucun signe de vie. Pas de doute, John Reid n'est plus de ce monde. Mais deux précautions valent mieux qu'une. Aussi, Tonto préfère le recouvrir d'une fine couche de terre, juste au cas où. Content de lui, il se dit qu'il a fait ce qu'il fallait, et il commence à s'éloigner.

Mais après quelques pas seulement, il est stoppé net par le hennissement d'un cheval. Tonto fait volte-face et découvre, ébahi, un superbe cheval blanc. Le même qui a suivi les rangers un peu plus tôt. La

73

créature s'arrête juste devant la tombe de John, le grand chapeau blanc de l'avocat coincé entre les dents.

Tonto tombe à genoux. Il attendait ce moment depuis si longtemps ! Il en est sûr : le cheval a été envoyé ici pour l'aider.

— Je te salue, noble Cheval Fantôme, dit le Comanche.

Le cheval lâche le chapeau. Puis, avec ses sabots, il enlève délicatement la terre qui recouvre le corps du ranger. Tonto n'en croit pas ses yeux. Ce doit être une blague ! Le cheval fantôme ne peut pas être venu pour John Reid, ce jeune homme droit, respectueux des lois, et qui craint les armes ?! Il s'agit forcément d'une erreur.

Tonto se relève, marche jusqu'à la tombe et pointe John du doigt.

— C'est un idiot, déclare-t-il au cheval. Froussard.

Puis il conduit l'animal près de la tombe de Dan.

— Lui est un grand guerrier.

Mais le cheval fantôme retourne à la tombe de John. Une fois encore, Tonto

le ramène vers Dan. Et une fois encore, le cheval secoue sa crinière et revient auprès de John. Il lui lèche même le visage.

De découragement, Tonto laisse tomber ses épaules en soupirant. Le cheval fantôme a parlé. Et on dirait que l'Indien va devoir l'écouter, que ça lui plaise ou non.

La tête de John lui fait un mal de chien. Sa gorge est desséchée et ses paupières semblent peser des tonnes. Pendant un instant, il réussit pourtant à les soulever… mais pendant un instant seulement. Il croit voir un splendide cheval blanc, juste avant de tomber de nouveau dans un trou noir.

Une série d'images surgit dans l'obscurité, comme des flashs. D'abord, un éclair, révélant le visage de Tonto empourpré, au-dessus d'un feu. Puis un scorpion qui rampe sur la paroi d'une grotte recouverte de dessins indiens. Et à nouveau Tonto,

qui jette un badge argenté de ranger dans le feu. John entend un galop de chevaux, suivi du bruit d'un millier de criquets grouillant autour d'un oiseau mort.

Le jeune homme pousse un cri, et cette image s'évanouit alors, laissant la place à celle de Rebecca, la chevelure balayée par le vent, jusqu'à ce qu'elle disparaisse à son tour. Tonto revient. Il verse le métal fondu du badge dans une douille. Enfin, au moment d'émerger des ténèbres, John revoit Cavendish qui essuie son front maculé du sang de Dan…

Et il se réveille en sursaut. Son cœur tambourine dans sa poitrine et il a l'esprit confus. Il veut se lever, mais il retombe aussitôt, pris de vertiges. Lorsque, enfin, il parvient à se mettre sur ses pieds, il se rend compte qu'il se trouve au bord d'une corniche, perché entre ciel et terre. Affolé, il recule et trouve un appui contre une paroi. Puis il repère un chemin et amorce tant bien que mal une descente.

Cela lui prend du temps, mais il finit par atteindre une clairière. Au beau milieu,

Tonto parle à un grand cheval blanc. John s'approche prudemment de lui. Il aperçoit un pistolet posé sur un tas d'objets de toutes sortes. Il avance petit à petit, tend le bras...

— Si tu veux t'approcher d'un Indien sans bruit, choisis de le faire sous le vent, lance le Comanche.

John s'empare de l'arme. Mais une nouvelle vague de vertiges le submerge, et il secoue la tête pour essayer de retrouver ses esprits.

— Pourquoi est-ce que tu parles à ce cheval ?

— Mon grand-père évoquait une époque où les animaux étaient dotés de la parole, répond calmement Tonto en tournant le dos à l'avocat. Et lorsqu'ils sont seuls, certains parlent encore. Je ne peux pas affirmer si celui-ci est stupide ou s'il fait semblant de l'être.

Face à tant d'absurdité, John soupire. En baissant les yeux, il remarque deux choses : d'abord, il est pieds nus ; ensuite, il est vraiment très sale.

— Pourquoi est-ce que je suis couvert de terre ?

— Parce que je t'ai enterré, répond Tonto comme si c'était évident.

— Alors... pourquoi est-ce que je suis encore en vie ?

Cette fois, Tonto se retourne et s'approche de John.

— Le cheval dit que tu es un Promeneur Fantôme. Un homme qui est passé de l'autre côté, avant d'en revenir, et qui, par conséquent, ne peut être tué au combat. Mais c'est juste un cheval, ajoute le Comanche.

Tandis que Tonto s'éloigne, John remarque qu'il porte ses bottes. Mais les questions viendront plus tard. Il doit d'abord trouver de quoi manger, avant la tombée de la nuit...

L'obscurité a recouvert le désert. Sous le ciel constellé de milliers d'étoiles, un lapin rôtit lentement, en pivotant sur une broche. Assis tous les deux près du feu, Tonto a

raconté à John ce qu'il s'était passé après la fusillade. Après un moment de silence où chacun reste perdu dans ses pensées, John se décide à parler.

— Ils lui ont arraché le cœur, se souvient-il d'une voix lourde de tristesse. Quel genre d'homme peut faire une chose pareille ?

— Pas un homme, le corrige Tonto. Un esprit malfaisant né dans les grandes étendues désertiques. Mon peuple le nomme « Wendigo ». Je suis Tonto, le dernier chasseur de Wendigo.

— Qu'est-ce que tu veux de moi ? demande John, qui le prend maintenant pour un fou.

Tonto se lève et entreprend de chercher quelque chose dans un sac accroché à la selle du cheval blanc.

— D'après une vision, un Promeneur Fantôme, doublé d'un grand guerrier, devait m'aider dans ma quête. J'aurais préféré quelque d'autre... Ton frère, par exemple.

— Tout ce que je sais, c'est qu'un homme l'a assassiné, dit John avec rage. Je le ferai pendre pour ça.

Tonto acquiesce. Il avait espéré entendre une phrase de ce genre.

— Alors, tu auras besoin de ça, déclare le Comanche en lui tendant une cartouche en argent.

John en a assez entendu. Il n'a pas besoin de munitions spéciales ou d'un Comanche au cerveau dérangé pour débusquer une quelconque créature mythique. Il veut seulement que justice soit faite. Il se lève à son tour, saisit la main de Tonto et replace la cartouche dans sa paume.

— Tu sais quoi ? demande John. Je veux te remercier pour tout ce que tu as fait pour moi, mais je dois rentrer.

— Je suis aussi à la recherche de Cavendish. Dans le train, je le traquais de la façon dont un coyote traque un buffle. Après l'avoir pourchassée pendant vingt-six ans, j'avais finalement réussi à piéger ma proie. Jusqu'à ce que tu t'en mêles.

— En réalité, je crois que je t'ai plutôt sauvé la vie.

Alors que John commence à s'éloigner, Tonto l'interpelle.

— Où est-ce que tu vas ?

— En ville pour demander du renfort.

— Je ne ferais pas ça à ta place, Kemosabe. Un pouvoir encore plus puissant voulait la mort de ton frère.

— Un esprit, je sais…

Mais Tonto secoue la tête. Ce n'est pas de ça dont il voulait parler.

— Un pistolet attendait Cavendish dans le train.

John se fige. Derrière lui, de nouveau assis près du feu, Tonto semble façonner quelque chose à partir d'un morceau de cuir.

— Huit hommes chevauchaient dans le canyon, continue le Comanche. Or, j'ai creusé seulement sept tombes.

Comprenant subitement, John se sent pris de nausées.

— Collins, murmure-t-il.

— Trouve le traître, et tu trouveras le meurtrier de ton frère.

Tonto lance le morceau de cuir à ses pieds. En le ramassant, John se rend compte qu'il provient de la veste de son frère. Deux trous creusés par les balles, cernés par le sang de

81

Dan, forment désormais deux orifices pour les yeux.

— Tu veux que je porte un masque ? s'étonne John.

— Les hommes que tu recherches te croient mort, Kemosabe. Il vaut mieux que ça demeure ainsi.

John reste indécis pendant un moment. En acceptant de revenir chez lui, à Colby, il n'imaginait pas que les choses tourneraient de cette manière. Mais il ne peut pas laisser la mort de son frère impunie.

— Si nous chevauchons ensemble, c'est dans le but de conduire ces hommes devant une cour de justice. C'est bien compris ?

— La justice est tout ce que je recherche… répond Tonto en lui tendant son chapeau.

Chapitre 7

Reconnaissant que l'idée de garder son identité secrète est judicieuse, John accepte finalement de porter le masque. Désormais, il est Lone Ranger. Un justicier.

Après avoir suivi Tonto hors de la clairière, puis dans le désert, Lone Ranger se retrouve dans la ville la plus étrange qu'il ait jamais vue. Il y en a vraiment pour tous les goûts, du cracheur de feu qui leur envoie des nuages de fumée à la figure aux

nombreuses salles de jeu, en passant par les femmes à barbe d'un cirque installé en ville... et bien d'autres « curiosités » encore. On dirait que toutes les distractions ont été réunies en un seul et même endroit.

Mal à l'aise, Lone Ranger réajuste son masque. Tonto et lui continuent leur chemin à travers la ville et arrivent à proximité d'une tente. À l'intérieur, des personnes boivent et dansent au son d'une musique tonitruante. Pour éviter les importuns ou les mauvais payeurs, un malabar du nom de Homer monte la garde à l'entrée.

Les deux voyageurs descendent de cheval et s'avancent vers lui. Lone Ranger lui montre le prospectus que Collins lui a donné avant leur départ de Colby. Sur le recto, il est écrit : « *Red – Divertissement ambulant* ».

— Nous sommes à la recherche de quelqu'un, annonce-t-il.

Surpris, Homer examine l'homme masqué, puis le Comanche avec son oiseau.

— Vous avez de l'argent ?

— Bien sûr, répond Lone Ranger.

Il fouille dans ses poches, malheureusement vides.

— En fait, je crois que ça va être un peu
juste...

Tonto sort alors la petite boîte à pilules
qu'il a prise un peu plus tôt sur l'un des
rangers. Homer attrape l'objet, qui paraît
minuscule dans ses mains de géant. Le marché lui semble correct. Il soulève les pans
de la tente et les fait entrer.

Rien n'avait préparé Lone Ranger à ce
qu'il découvre à l'intérieur. L'établissement
tenu par Red est un temple dédié au jeu et
à la boisson, voire à la bagarre. Des femmes
dansent et rient avec des employés du chemin de fer, qui sont venus pour se détendre
après une dure journée de labeur dans la
chaleur torride du désert.

Un concert de rires et de hurlements
accueille les deux nouveaux arrivants, qui

suivent Homer jusqu'à une autre pièce. Le colosse passe la tête à travers l'ouverture de la porte et annonce :

— Deux gars bizarres veulent vous voir.

La salle, plus petite, se trouve au fond du bar. Assise derrière un bureau, Red étudie un livre de comptes, à travers des lunettes cerclées de fer. Elle tient à la main un gobelet qu'elle secoue distraitement.

— Laisse-moi parler, murmure Lone Ranger à l'intention de Tonto.

Après tout, c'est lui l'avocat. La négociation, c'est son boulot.

— Madame... commence-t-il.

— Pourquoi ce masque ? le coupe Red.

Sur ces mots, elle soulève la prothèse impressionnante qui lui sert de jambe droite et la pose bruyamment sur le bureau.

À cette vue, Tonto écarquille les yeux, tandis que Lone Ranger rougit jusqu'aux oreilles.

Ignorant leurs réactions, Red poursuit.

— Ne réponds pas. Une des choses que vous devez apprendre à propos de mes affaires, c'est que chaque homme, qu'il soit

criminel, pasteur, héros de guerre ou employé du rail, est attiré par quelque chose.

— Vous faites allusion à M. Cole ? demande Lone Ranger.

— Oh, non, pas M. Cole ! répond Red en agitant sa chevelure écarlate. Il paraît qu'il a d'autres impératifs, désormais.

Relevant légèrement sa jupe, Red arrange le porte-jarretelles accroché autour de sa prothèse sous les yeux ronds de Tonto.

— Eh bien, dans ce cas, je peux vous assurer que ce masque est purement fonctionnel, dit Lone Ranger, pour reprendre les rênes de la conversation.

Mais, à cet instant précis, Red a un tout autre sujet de préoccupation. Tirant d'un coup sec sur son porte-jarretelles, elle fait brusquement feu avec le petit pistolet dissimulé dans le talon de sa chaussure.

Devant la porte ouverte, Tonto et Lone Ranger s'écartent à la hâte alors que la balle siffle, puis, à l'autre bout du bar, une chaise explose en projetant un homme dans les airs.

Après avoir bu, ce dernier refusait de payer et importunait l'une des danseuses.

Red devait montrer l'exemple pour tous les autres clients : pas de mauvais payeurs dans son établissement ! Visiblement, le message est bien passé.

Ce petit incident réglé, elle se retourne vers ses deux invités.

Incapable de s'en empêcher, Tonto s'approche de la jambe artificielle de Red.

— Os de baleine ? interroge le Comanche.

— Ivoire, rectifie Red.

Lone Ranger soupire. Il n'arrivera à rien s'il laisse Tonto mener la discussion.

— Nous recherchons un homme appelé Collins. C'est un pisteur et il parle indien.

— Jamais entendu parler de lui, répond Red en haussant ses épaules laiteuses.

Lone Ranger plisse les yeux. Cette femme ment. Il sait que Collins est déjà venu ici. Il écarte un pan de sa veste pour désigner son badge.

— À mon entrée ici, j'ai relevé de nombreuses violations du Code de la santé.

Red ne réagit pas, comme si elle s'en moquait éperdument. Lone Ranger continue.

— Issues de secours insuffisamment signalées, bocaux au contenu assez louche sur le comptoir. Je détesterais devoir fermer votre établissement.

Red se contente de soulever un sourcil parfaitement dessiné.

— Homer ? appelle-t-elle. Aide ces idiots à retrouver le chemin de la sortie, tu veux ?

Une lueur de fureur passe alors dans le regard de Tonto, qui sort un couteau et le plante dans le livre de comptes en criant :

— Le Wendigo s'est échappé !

En moins d'une seconde, plusieurs revolvers se retrouvent braqués sur leurs têtes. Brandissant elle-même son arme, à la crosse ornée de perles, Red demande à Lone Ranger :

— De quoi est-ce qu'il parle ?

— Rien. C'est un truc d'Indien, répond le ranger, les mains en l'air.

Tonto secoue la tête avec rage.

— Un homme qui aime la chair humaine.

L'expression de Red passe instantanément de la contrariété à la peur.

— Butch Cavendish, dit-elle doucement.

— C'est exact, répond Lone Ranger.

Red baisse son arme.

— Il suffisait de me le dire.

Un peu plus tard, Tonto et Lone Ranger se retrouvent dans un endroit où peu d'hommes sont autorisés à entrer : la chambre de Red.

— J'ai vu Collins il y a une semaine environ. Avec un homme de loi. Un ranger, comme toi. Il a dit qu'il s'appelait Reid.

Tonto, qui scrute la pièce avec curiosité, relève les yeux. À l'autre bout de la chambre, Lone Ranger secoue la tête.

— Dan Reid ? demande-t-il. Ce doit être une erreur, il était marié.

— Oh, nous en recevons aussi, parfois ! rétorque Red, inconsciente du mal que ses mots font à John. Ils ont eu une sacrée dispute. À propos d'un objet qu'ils ont trouvé dans le désert. D'ailleurs, ils m'ont payée avec.

Elle lance une pépite d'argent sur la table, devant elle. Tonto bondit brusquement en arrière.

— Ne touchez pas à ça ! C'est maudit !

Levant les yeux au ciel, Lone Ranger ramasse la pierre. Et il est comme foudroyé. Immédiatement, son esprit est envahi par une succession d'images. De l'eau, de l'argent, des symboles indiens peints sur le mur d'une caverne, des hurlements de femmes et d'enfants... À l'instant où il lâche la pierre, les images s'évanouissent.

Au contraire de Tonto, Red n'a pas remarqué que quelque chose venait de se passer. Elle remplit deux verres de whisky.

— L'Indien a raison, personne n'en veut par ici, explique Red en offrant un verre à Lone Ranger. Mais emporte-le à San Francisco, et ils t'en donneront mille dollars cash. Peut-être que j'aurai ma place à bord du premier train vers l'Ouest ?

Pendant ce temps, Tonto pousse la pierre argentée avec le doigt. Rien. Il la saisit. Toujours rien. Il la serre dans sa main. Rien, absolument rien. Qu'est-ce que John a vu ? Et pourquoi n'est-il pas capable de le voir aussi, lui ? Frustré, Tonto jette la pépite.

C'est alors qu'ils entendent quelqu'un frapper à la porte. La tête de Homer apparaît par l'entrebâillement.

— Il y a du grabuge.

Red va regarder à travers un œilleton percé dans l'un des murs de sa chambre. Une foule furieuse s'agglutine dans la salle.

— J'ai bien peur de devoir mettre un terme à votre visite.

Puis elle se tourne vers Tonto.

— Certains de mes clients n'apprécient pas la présence d'un Indien dans mes locaux.

— Il a autant le droit d'être ici que n'importe qui d'autre, objecte Lone Ranger. C'est la loi.

— Pas depuis que les Comanches ont violé le traité, remarque Red.

— Le traité ?

— Vous n'en avez pas entendu parler ? Ils ont attaqué des villages le long de la rivière.

Le cœur de Lone Ranger s'emballe.

— Mon Dieu, Rebecca…

Ils doivent partir sur-le-champ !

Voyant la peur dans les yeux de l'homme masqué, Red s'installe sur son divan, sa jambe d'ivoire tendue, son pistolet dirigé vers la porte, prête à barrer le passage aux clients en colère et à permettre au ranger de s'enfuir.

Pendant ce temps, en rejoignant l'arrière de la pièce, Lone Ranger remarque une peinture représentant Red un peu plus jeune. À l'époque, elle dansait encore sur ses deux jambes.

— Comment puis-je vous remercier ? lui demande-t-il.

Red lui sourit.

— Assure-toi simplement que cet animal paye pour ce qu'il m'a volé.

Enfin, le ranger comprend. La bête a pris la jambe de Red, la vie de son frère, et a transformé Collins en monstre. Oui, il sera heureux de faire payer Cavendish pour ses crimes. Très heureux, même. Mais d'abord, ils doivent sortir de là, et vite.

Lone Ranger, accompagné de Tonto. La légende d'un homme de loi qui a abandonné ses craintes pour devenir un célèbre justicier masqué.

**Butch Cavendish doit être ramené
au Texas pour passer en justice...
Mais le malfrat a d'autres projets.**

**Les hommes de Cavendish sont toujours
prêts à servir leur patron, même pour le sortir
du wagon qui le conduit tout droit en prison !**

Non seulement John Reid n'a pas réussi
à empêcher Cavendish de s'échapper, mais
en plus, il est maintenant enchaîné à Tonto...

John retrouve enfin Rebecca,
qu'il a toujours aimée, même si elle est à
présent la femme de son frère.

Le cheval blanc dit à Tonto qu'un homme doit
être sauvé de la mort... C'est John Reid. Tonto
n'est pas convaincu que ce soit le bon frère !

John est bien décidé à conduire Cavendish
au tribunal, mais Tonto préférerait
rendre justice à sa façon...

Ils se rendent chez Red, dans l'espoir
qu'elle les aide à retrouver ce "Wendigo".

Pendant ce temps, Cavendish et
ses hommes attaquent la ferme des Reid,
déguisés en Comanches.

Les deux alliés courent vers la montagne
de l'Homme Endormi.

Après l'avoir capturé, Lone Ranger ramène
Butch Cavendish au Texas.

Les festivités pour inaugurer
le nouveau chemin de fer sont interrompues
par une terrible bataille.

Lone Ranger et son cheval
entrent en action !

**Lone Ranger et Tonto forment un duo étrange.
Mais, ensemble, ils sont toujours prêts
à combattre le crime.**

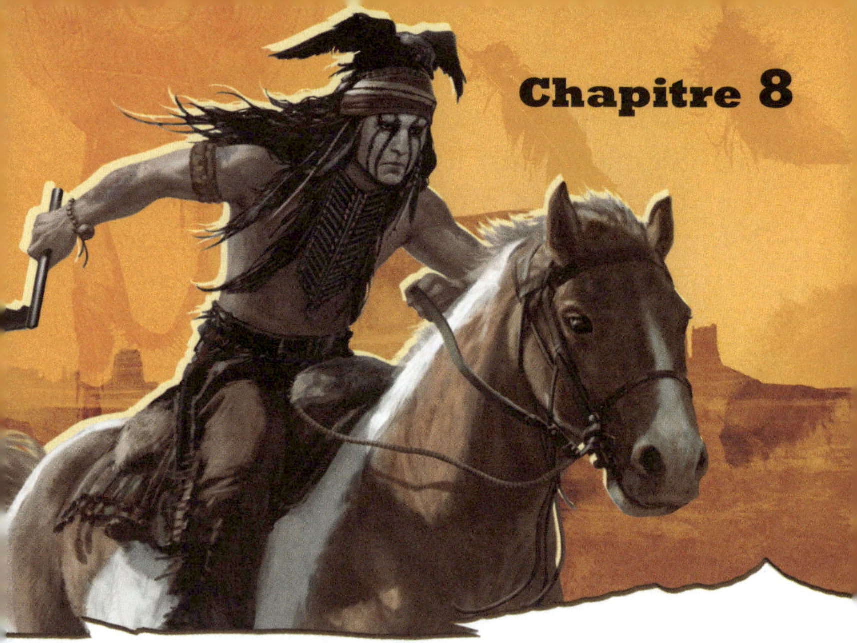

Chapitre 8

Tonto ne s'est pas donné la peine d'attendre son compagnon. Après avoir siroté en douce un peu du whisky destiné à Lone Ranger, il se faufile vers la porte arrière de la chambre.

Puis il emprunte un escalier bancal qui le conduit à l'extérieur, et tombe sur le cheval fantôme, qui est maintenant celui de Lone Ranger. La magnifique créature attrape une bouteille de bière entre ses dents, penche la tête en arrière et... boit.

— La nature est effectivement déséquilibrée, marmonne Tonto tout bas.

Derrière le Comanche, le brouhaha de la foule se rapproche dangereusement. Aussi, Tonto attrape les rênes du cheval blanc.

— On y va.

Rien ne se passe. Tonto tire un peu plus fort. Toujours rien.

— Animal borné !

Au coin de la rue suivante, un autre groupe apparaît en criant, les poings levés. Lâchant les rênes, Tonto se met à courir, avec la foule haineuse sur ses talons.

À cet instant, Lone Ranger arrive à son tour en haut de l'escalier. Il fourre deux doigts dans sa bouche, émet un sifflement perçant, et son cheval blanc arrive en trottinant au bas des marches. Le ranger n'a plus qu'à se laisser glisser le long de la rampe... pour enfin atterrir assez maladroitement sur la selle.

Lorsque la foule aperçoit le ranger qui accompagnait l'Indien chez Red, elle se met à le pourchasser. Les récentes attaques comanches contre des habitations ont rendu la population folle furieuse.

Le cheval blanc a beau galoper à toute vitesse, emprunter une ruelle, puis une autre, il ne parvient pas à semer leurs poursuivants. Le pressant d'aller encore plus vite, Lone Ranger n'a qu'une idée en tête : sortir de cette fichue ville. Mais partout où il regarde, il ne voit que d'autres ruelles ou des obstacles qui l'empêchent de continuer.

Soudain, Tonto apparaît devant lui. Il court comme un dératé, en agitant les bras.

— Viens ! crie le ranger en se penchant vers lui.

Tonto saisit au vol la main du cavalier et saute sur le cheval qui fonce hors de la ville, en direction du désert…

À la ferme des Reid, Danny ignore encore tout du décès de son père et de la nouvelle identité de son oncle. Il s'amuse avec son chien, tandis que, dans un champ à proximité, sa mère enfonce des poteaux dans le

sol à coups de marteau. La ferme demande un travail constant, et en l'absence de son mari, ce labeur retombe entièrement sur les frêles épaules de Rebecca. Elle aurait voulu terminer la clôture avant la nuit, mais après avoir remarqué le visage épuisé de son ouvrier, elle décide d'arrêter.

— Je crois que ça suffira pour aujourd'hui, Joe.

Soulagé, le vieil homme à la peau tannée par le soleil acquiesce et part rejoindre son logement en traînant ses outils derrière lui.

Durant un moment, Rebecca reste immobile, appréciant l'ambiance paisible de cette fin d'après-midi. Elle a si peu d'occasions de s'accorder une pause…

Mais un bruit interrompt cet instant de sérénité. De l'autre côté de la rivière, Rebecca aperçoit un Comanche, juché sur un cheval. L'Indien fixe la jeune femme avec son regard sombre. Puis il fait volteface et disparaît du champ de vision de Rebecca, qui se met aussitôt à crier :

— Danny, viens !

Elle s'efforce de garder son calme pour ne pas effrayer son fils, mais en réalité, elle est terrorisée...

Lone Ranger et Tonto ont foncé aussi vite qu'ils ont pu, sous la lueur de la lune. Lorsqu'ils arrivent enfin devant la maison des Reid, l'homme masqué sent son cœur s'arrêter. Quelle vision d'horreur ! La ferme est en ruine, dévorée par les flammes. Des corps d'animaux et d'hommes jonchent le sol.

— Nous arrivons trop tard, dit le ranger, la voix brisée.

À l'intérieur de la maison, les chaises sont renversées, et le corps du pauvre Joe gît sur le plancher. Lone Ranger ramasse les restes d'une photo à demi carbonisée. Sur le cliché, Rebecca, tout sourire, se tient entre Dan et lui. Comment a-t-il pu laisser ces drames survenir ? John a

le sentiment d'avoir échoué sur toute la ligne. Il a en quelque sorte abandonné les personnes qu'il aimait le plus au monde.

Alors que, fidèle à ses habitudes, Tonto commence à fouiller les vêtements de Joe, un cri retentit. Ça vient de la grange ! Le Ranger saisit l'arme de Joe et, avec Tonto, il se dirige sans bruit vers le bâtiment. Par la porte ouverte, ils distinguent Pilar, la servante de Rebecca, assise sur une balle de foin. Non loin d'elle, Lone Ranger découvre Franck, l'un des hommes de Cavendish, installé sur une autre balle. À ses pieds se trouve un coffre rempli de vêtements féminins.

— Celle-ci est jolie, n'est-ce pas ? dit Franck, en dépliant une robe.

Il se lève et enfile maladroitement le vêtement autour du cou de Pilar, qui tremble de peur.

Tout à coup, la servante aperçoit Lone Ranger et Tonto dans l'embrasure de la porte. Franck suit son regard écarquillé et... dégaine !

Saisissant cette occasion, Pilar fuit sans demander son reste, tandis que Lone Ranger entre en montrant son badge.

— Rebecca et Danny, où sont-ils ?

Devant le regard haineux du ranger, Franck recule.

— Ce n'est pas ce que vous croyez, monsieur.

— Dis-moi où ils sont, ou je laisse l'Indien te faire ce qu'il veut.

Franck frémit.

— Et qu'est-ce qu'il veut me faire ?

Au même moment, des coups de feu retentissent. Des chevaux déboulent au galop dans la cour.

— Bon sang, Franck, où est-ce que tu es ? appelle une voix.

Profitant de cette diversion, Franck saute par une fenêtre. Il retrouve Jésus et Barret, qui se partagent une bouteille d'alcool.

— Alors, qu'est-ce qui se passe ? demande Barret, en avalant une gorgée.

— Ran-ran-ranger ! bredouille Franck en désignant la grange.

— De quoi tu parles ? s'énerve Jésus.

Il n'y a plus de rangers. Ils les ont tous tués dans le canyon. Mais adepte du principe « mieux vaut prévenir que guérir », Barret tire sur la lampe à pétrole suspendue au-dessus de la porte. Puis Jésus allume une torche et la lance sur la mare de carburant. En moins d'une seconde, la grange s'enflamme.

Parfait. Maintenant, ils n'ont plus qu'à attendre que le soi-disant ranger sorte pour l'abattre… tout simplement !

À l'intérieur, l'air devient vite suffocant et les flammes se répandent à toute vitesse.

— Va chercher les chevaux, Kemosabe, ordonne Tonto.

— Pourquoi moi ? rétorque Lone Ranger.

— Tu es allé de l'autre côté. Les Promeneurs Fantômes ne peuvent pas mourir.

Le regard du ranger passe de Tonto au feu qui commence à lui « caresser » les

orteils. Promeneur Fantôme ou non, il ne peut pas rester là, les bras croisés.

Il avance vers la fenêtre que Franck a brisée en sortant.

— Texas Ranger ! hurle-t-il. Jetez vos armes et mettez les mains en l'air !

Une salve de tirs lui répond, perçant des trous dans le bois, tout autour de lui. Affolé, Lone Ranger tâte son corps pour mesurer l'étendue de ses blessures. Il est miraculeusement indemne.

— Je te l'avais bien dit, commente Tonto.

Mais ça ne change pas grand-chose à leur problème le plus urgent. Les flammes gagnent du terrain, et dans la grange, la chaleur est soutenable.

Un puissant martèlement, qui semble provenir du toit, les fait sursauter. Par le conduit du fourneau du forgeron, Tonto jette un coup d'œil vers le haut et aperçoit le cheval blanc, étincelant dans le clair de lune.

— C'est quoi ? interroge Lone Ranger.

Lorsque Tonto lui rapporte ce qu'il a vu, le Ranger a bien du mal y croire. Mais tant

de choses bizarres sont survenues ces derniers temps, alors pourquoi pas un cheval qui marche sur le toit ?

Il grimpe à l'échelle, ouvre une trappe et se retrouve nez à museau avec le cheval blanc.

— Salut... Euh... Merci d'être venu.

Tonto surgit derrière lui.

— Alors, le cheval ? Il peut voler ? demande-t-il.

— Ne sois pas stupide. Je veux bien admettre que les chevaux puissent communiquer avec nous... mais voler ? C'est de la folie pure.

Alors que la grange commence à s'effondrer sous leurs pieds, les deux hommes bondissent sur la monture. Lancé au galop, le cheval fantôme atteint rapidement le bord du toit. Il prend son élan et, utilisant sa force extraordinaire, il saute !

En bas, Jésus et Barret continuent de siroter tranquillement leur bouteille, devant la grange en feu. Personne n'est sorti. Et personne n'aurait pu survivre dans ce brasier.

Ils adorent ce genre de jeu où ils gagnent à tous les coups.

— Retournez-vous, dit une voix. Lentement.

L'arme de Lone Ranger est braquée sur eux, tandis que Tonto agite son couteau d'un air menaçant.

— Rebecca et Danny, dit le ranger, où sont-ils ?

— Les Comanches ne capturent pas de prisonniers, ricane Barret en montrant ses vilaines dents pourries. Ils gardent uniquement leurs scalps.

— C'est peut-être vrai, répond Lone Ranger en regardant leurs tenues comanches, sans doute volées lors d'une précédente attaque. Ce sont des arriérés, esclaves de superstitions, qui vivent dans les arbres et se baignent dans leurs propres déchets... Mais ce noble sauvage vaut mieux que n'importe lequel d'entre vous.

Furieux qu'on insulte son peuple, Tonto ignore le compliment et lui donne un coup.

— Ce n'est pas moi, c'est l'oiseau,

s'excuse-t-il en montrant son compagnon à plumes d'un air désolé.

Les hors-la-loi en ont suffisamment entendu. De toute évidence, ils n'ont rien à craindre de ces deux rigolos, et il est grand temps de mettre un terme à cette comédie. Lâchant brusquement sa bouteille, Barret porte la main à son arme, tandis que Jésus s'écarte.

— Je me charge de l'Espagnol, murmure Tonto dans un souffle.

Lone Ranger empoigne son arme avec un instant d'hésitation. Il n'a pas tiré un seul coup de feu depuis neuf ans…

C'est le face-à-face ! Le doigt de Barret est posé sur la gâchette, et le revolver de Jésus est pointé sur la poitrine de Tonto. Nerveux, le ranger déglutit, tandis que, près de lui, Tonto plisse les yeux…

Soudain, rapide comme l'éclair, le couteau du Comanche vient taillader le bras du Mexicain, qui pousse un hurlement en laissant tomber son arme.

Pour l'imiter, Lone Ranger tire… et la balle atteint malencontreusement la

114

main de Barret, l'obligeant à appuyer sur la gâchette. Après une série de ricochets ahurissants sur la girouette d'un silo voisin, puis sur une pelle, le tir atteint finalement un treuil, libérant ainsi un énorme morceau de bois qui vient frapper les deux hors-la-loi en pleine tête. Ils sont tués sur le coup.

Pendant un moment, Lone Ranger et Tonto en restent bouche bée. Ce qui vient de se passer est absolument... incroyable !

— Beau tir, le félicite Tonto.

— À vrai dire, ça devait juste être un tir d'avertissement, répond le ranger.

Alors que l'Indien s'approche des corps sans vie, le ranger remarque que la bataille a causé une troisième victime : l'oiseau de Tonto tient maintenant mollement sur sa tête...

— Qu'est-ce qu'il y a ? lui demande Tonto en remarquant son regard insistant.

— Rien, répond aussitôt le ranger.

Tonto s'empare du pendentif comanche que Jésus porte à son cou.

— Ça appartenait à mon frère, l'arrête le ranger.

— Non. C'est comanche. Et c'est un objet sacré.

Pendant que Tonto continue ses petites « explorations », Lone Ranger jette un coup d'œil aux alentours. Ils ont réussi à se débarrasser de deux hommes de Cavendish, mais ceux qui restent sont encore nombreux. Et surtout, ils doivent absolument retrouver Rebecca et son fils. Mais comment ? Il demande l'avis de Tonto.

— Les traces conduisent vers le nord, en direction d'un territoire indien, répond le Comanche.

— Des centaines de kilomètres carrés de désert, même un Indien ne peut pas pister dans ces conditions.

— Alors, nous suivrons le cheval, Kemosabe.

Tonto donne une tape sur la croupe du cheval de Barret, qui file dans le désert.

— Pourquoi tu m'appelles Kemosabe ? demande Lone Ranger. Qu'est-ce que ça signifie ?

— Mauvais frère, explique simplement Tonto, en redressant son volatile inerte.

Marchant derrière lui, Lone Ranger hoche la tête avec résignation. L'Indien a sûrement raison. Mais mauvais frère ou pas, tant qu'il n'aura pas sauvé Rebecca et Danny, et traduit Cavendish et Collins devant la justice, rien ne pourra l'arrêter.

Chapitre 9

Au-dessus d'une mare naturelle creusée dans la roche, les nuages défilent paisiblement en projetant leur reflet dans l'eau stagnante.

Soudain, un homme saute dedans, en vociférant et en éclaboussant le rivage. C'est Skinny, l'un des hommes de Cavendish. Autour de lui, ses acolytes entreprennent de nettoyer les peintures de guerre qui recouvrent leurs visages. Aussi loin d'eux

que possible, Rebecca s'agenouille près de la mare, les mains en coupe. Elle prend un peu d'eau qu'elle porte aux lèvres desséchées de son fils. Assoiffé, Danny boit en tremblant.

— Aussi jolie qu'ils l'avaient dit, déclare une voix grave, derrière elle.

Rebecca se retourne vers Cavendish qui la regarde fixement.

— Mon mari vous tuera pour ça, réplique la jeune femme en attrapant Danny.

Les hommes pouffent de rire. Les yeux stupéfaits de Rebecca passent de l'un à l'autre, sans comprendre la raison de leur hilarité. C'est alors que Cavendish prend la parole. Chacun de ses mots poignarde Rebecca en plein cœur.

— Ça m'étonnerait, dit-il, avec un sourire cruel. La dernière fois que j'ai vu ton mari, il se noyait dans son sang. J'aimerais pouvoir dire qu'il a eu une belle mort. Mais la vérité, c'est qu'il m'a supplié comme un chien.

Avec un hurlement, Rebecca lui saute dessus et laboure son visage avec ses ongles. Après chaque départ de Dan, elle vivait

constamment avec la peur qu'il ne revienne pas. Et ce monstre de Cavendish a transformé ce cauchemar en réalité !

Fou de rage, le hors-la-loi la repousse brutalement, avant de passer la main sur ses blessures. En découvrant le sang qui rougit ses doigts, Cavendish brandit son couteau. Aucune femme, aussi belle soit-elle, n'a le droit de l'attaquer. Il lève son arme, prêt à lui faire payer son insolence, quand un hennissement l'interrompt en plein élan. Franck arrive au galop. Le souffle court, il se laisse tomber de son cheval et se jette sur la première bouteille venue.

— Où sont Barret et Jésus ? lui demande Cavendish.

— Ils ont été tués, répond le bandit, la voix tremblante. Avec une seule balle. Ils n'avaient aucune chance.

— Qui les a tués ?

— Il portait un masque et montait un cheval blanc.

Cavendish fronce les sourcils… et braque brusquement son pistolet entre les deux yeux de Franck.

— Maintenant, dis-moi la vérité : qui les a tués ?

— C'était un ranger, Butch. Un ranger solitaire.

De toute évidence, il a dû rester trop longtemps au soleil. Il n'y a plus de rangers.

Pourtant, Franck persiste.

— C'était le fantôme de Dan Reid. Il dit qu'il vient pour toi. Tu n'aurais pas dû faire ça.

— La ferme ! gronde Cavendish en le repoussant violemment.

Autour de lui, ses hommes échangent des regards inquiets.

— Laissons-le venir. Je l'ai tué une fois, je le tuerai encore, déclare leur chef.

Apercevant la crainte dans les yeux des hors-la-loi et la colère dans ceux de Cavendish, Rebecca reprend courage.

— Vous avez peur, n'est-ce pas ?

Laissant échapper un grognement, Cavendish ne répond pas tout de suite. Il prend le temps de vérifier le chargeur de son arme. Quand il relève les yeux, ceux-ci ne reflètent plus la colère, mais le mal.

— Vous savez comment on appelle cet endroit ? demande-t-il à Rebecca. La Vallée des Larmes. Hé, Collins...

Assis parmi les autres, le traître redresse la tête. Cavendish lui tend la crosse de son arme avec un sourire mauvais.

— Je veux que tu emmènes ces deux-là derrière ce rocher... et que tu les tues.

— Je refuse, dit Collins.

D'un geste, le hors-la-loi retourne le canon de son arme contre Collins.

— Tu as été payé. Donc soit tu vas jusqu'au bout, soit tu pars.

Collins regarde tour à tour l'arme pointée sur lui, Rebecca et Danny. Puis, lentement, il obéit.

Après avoir traversé des rochers jonchés de vieux ossements et de plantes poussiéreuses, le traitre et les deux victimes atteignent une colline sinistre, dépourvue de toute forme de vie. Collins ordonne alors à Rebecca et à Danny d'arrêter de marcher.

Puis il lève son arme.

Rebecca attire son fils contre elle. Elle dévisage l'homme en qui son époux et le

père de celui-ci ont toujours eu une confiance aveugle. Et maintenant, cet homme est sur le point de les tuer. Tout ça pour quoi ? Pour une poignée d'argent promise par cet horrible criminel. Rebecca est prise de pitié.

— Ne me regarde pas, lui ordonne Collins, mal à l'aise.

— Il t'aimait, répond Rebecca, en se redressant et en étreignant Danny encore plus fort.

Le vent siffle autour d'eux... Les coups de feu retentissent. La jeune femme attend une douleur qui ne vient pas.

Elle rouvre les yeux et découvre que Collins a tiré dans la terre.

— Courez ! chuchote-t-il.

Comme Rebecca hésite, Collins la pousse.

— S'il te plaît, cours !

Cette fois, la jeune femme n'hésite pas. Elle attrape la main de son fils, et ils se mettent à dévaler la colline rocheuse, en glissant au fur et à mesure que la pente devient plus raide. Soudain, Rebecca perd l'équilibre et tombe brutalement en s'ouvrant le front. Aussitôt, Danny se baisse pour essayer de la

relever, mais le jeune garçon, trop faible, chute à son tour. Étouffant un cri, Danny regarde désespérément autour de lui, à la recherche de quelque chose, n'importe quoi, qui pourrait les aider.

C'est alors qu'il entend un martèlement de sabots. Puis une détonation. Derrière eux, Collins s'écroule, touché à mort. Danny laisse échapper un soupir de soulagement. Quelqu'un les a sauvés. Mais qui ?

Lone Ranger a tellement soif... Ça fait une éternité qu'ils suivent le cheval de Barret à travers le désert, et toujours pas de Cavendish en vue. Ses pieds sont recouverts d'ampoules, ses lèvres sont desséchées, et il a mal à la tête. À ses côtés, Tonto chancelle, abrité du soleil brûlant par une ombrelle rose qu'il a chipée à Franck.

— Pourquoi Cavendish voulait-il faire accuser les Comanches d'avoir violé le

traité ? demande Lone Ranger, rompant ainsi le silence.

— Peut-être qu'il voulait qu'on pense que les Comanches ont violé le traité.

Devant une réponse aussi inutile, le ranger roule les yeux, tandis que Tonto tente pour la énième fois d'ouvrir sa montre à gousset en la lançant. Encore raté.

— Ça a peut-être quelque chose à voir avec ce que mon frère a trouvé dans le désert ?

— Peut-être... répond Tonto. La question est : que veulent-ils faire de Danny et de Rebecca ?

— Je refuse d'y penser, rétorque le ranger en espérant couper court à la conversation.

Mais Tonto l'ignore.

— Je suppose que les Wendigo désirent ce que toutes les créatures désirent. Si j'étais toi, je m'inquiéterais davantage pour le garçon. Le Wendigo va essayer de le rendre comme lui.

Effaré par ce qu'il vient d'entendre, Lone Ranger accélère le pas pour mettre

de la distance entre lui et le Comanche. Il a besoin de se retrouver seul pour réfléchir. Au bout d'à peine quelques mètres, il se retourne et découvre Tonto et le cheval à l'arrêt.

— Qu'est-ce qu'il y a ?

Tonto lève le nez en l'air et prend une profonde inspiration. Un peu perdu, le ranger l'imite, mais il ne sent rien. Puis Tonto regarde le cheval de Barret, qui se met à tituber, avant de s'écrouler, raide mort.

— Et maintenant, on fait quoi ? demande Lone Ranger.

Comment sont-ils censés savoir où aller sans leur guide à quatre pattes ? Aux alentours, il n'y a rien d'autre que les étendues implacables du désert. Aucun panneau de signalisation ni maison où demander la direction. Ce n'est pas pour rien qu'on appelle ça le désert.

— On est perdus, n'est-ce pas ? s'emporte le ranger. Je le savais ! Suivre le cheval, c'était ton idée. Mais tu ne peux pas parler à un cheval mort, pas vrai ?

Reprenant son souffle, il lance un regard furieux à Tonto, qui essaye de nourrir son oiseau sans vie. La graine s'envole au vent.

La colère du ranger bout littéralement dans ses veines.

— Eh bien, c'est tout simplement formidable ! Cavendish est quelque part en train de faire Dieu-sait-quoi à Rebecca et à Danny, tandis que je vais mourir dans le désert avec toi et ton oiseau ridicule.

Tonto ne répond pas. Au lieu de ça, il se remet à marcher. Il s'arrête un instant, prend un peu de sable et le renifle avant de continuer son chemin.

— La femme, Rebecca, tu veux en faire ta squaw ? demande finalement Tonto.

Le ranger tombe des nues. Mais de quoi est-il en train de parler ? Rebecca est la femme de son frère. Il ne pourra jamais l'épouser.

— Tu as parlé d'elle dans tes visions, quand tu étais de l'autre côté, continue Tonto.

Aucun doute, le soleil lui a tapé sur la tête.

— Le manque d'oxygène dans ton cerveau provoque des hallucinations, déclare le ranger. Tout le monde le sait.

— Quoi qu'il en soit, répond Tonto en haussant les épaules, tu n'as pas parlé d'elle comme de la femme de ton frère.

En grommelant, le ranger essaye quand même de lui expliquer les règles de vie en société, à savoir qu'on n'est pas supposé se marier avec l'épouse de son frère, même si, techniquement, c'est désormais sa veuve.

Sans se préoccuper de lui, Tonto enfonce un doigt dans le sable, avant de le mettre dans sa bouche. Il s'accroupit ensuite pour examiner le sol de plus près.

— Non, mais tu n'as pas bientôt fini ?! crie le ranger, excédé par son petit manège.

— Une piste, déclare Tonto en relevant la tête.

— Impossible !

Mais sous ses yeux, Tonto sort un couteau et tapote le sable avec le manche. De manière stupéfiante, ce geste produit un son métallique.

Le ranger comprend enfin. Tonto ne voulait pas dire une piste, mais une voie... une voie de chemin de fer ! Mais pourquoi y a-t-il des rails dans le coin ? Les deux hommes se regardent, perplexes. Avant qu'ils aient pu échanger une parole, ils entendent un léger sifflement. Un instant plus tard, une flèche transperce l'épaule du ranger, qui s'effondre en criant...

Lone Ranger se réveille en sursaut. Lorsque sa vision s'éclaircit, il se rend compte qu'il se trouve enfermé dans une cage, avec Tonto. Non loin de là, un groupe de guerriers Indiens danse autour d'un feu. Leurs chants résonnent dans la nuit et font frémir le ranger.

Soudain, il ressent une douleur. La flèche est toujours là, plantée dans son épaule. Tonto l'attrape et la retire sans ménagement.

— Aaah ! hurle le ranger. Je croyais que

je ne pouvais pas être touché par les armes !

— Je le pensais aussi, répond Tonto.

Le ranger soupire. Inutile, comme d'habitude. Supposant que Tonto sera au moins capable de répondre à la question suivante, l'homme masqué désigne le groupe d'Indiens qui dansent.

— Apaches ?

— Comanches.

— C'est une bonne chose, n'est-ce pas ? demande le ranger, reprenant espoir.

Mais Tonto secoue la tête.

— Pas vraiment.

Puis il prend une aiguille et un bout de fil, et commence à recoudre la plaie du ranger.

— Ils se préparent pour la guerre contre l'homme blanc.

— La guerre ? répète le ranger. Hé, attends un peu... Est-ce que cette aiguille est stérile ? s'inquiète-t-il soudain en réalisant ce que Tonto est en train de lui faire.

— Oui. J'ai uriné dessus.

Le ranger grommelle. Les choses pourraient difficilement être pires...

San Francisco.

Sous la tente du Far West, Will arrête Tonto. Il a écouté le vieil Indien avec attention, et même bu ses paroles, mais à ce stade, il ne comprend plus trop.

— La guerre ? répète le garçon. Mais ce ne sont pas les Comanches qui ont attaqué les fermes !

Dans la scène reconstituée, Tonto exécute sa version de la Danse de la Mort, une version ralentie à cause de son grand âge. Dans chaque main, il tient une plume noire.

— C'est vrai, mais l'homme blanc l'ignore.

— Mais tu vas le leur dire !

Will est tellement pris par l'histoire qu'il en oublie que tous ces évènements se sont déroulés il y a bien longtemps.

— Tu le leur as dit, n'est-ce pas ? reprend Will.

Tonto s'arrête de danser et pose ses yeux tristes sur le garçon.

— Une fois que le cheval de fer est lancé, il est très difficile de l'arrêter.

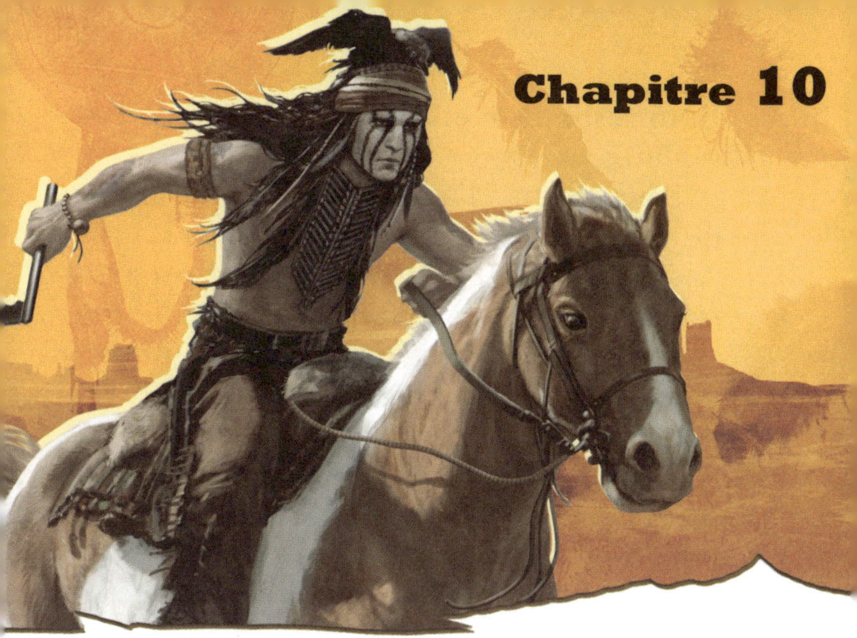

Chapitre 10

Latham Cole est très satisfait. Tout se déroule exactement comme il l'avait prévu. Autour de lui, des hommes s'affairent à la construction d'un gigantesque pont qui enjambera bientôt la rivière du Faucon. Une fois qu'il sera terminé, Cole se dit que plus rien ne pourra entraver sa route – ou plutôt, celle du train. Il aura enfin atteint l'objectif de sa vie : la conquête de l'Ouest.

Il lui reste juste encore quelques détails à régler...

S'adressant à l'assemblée de journalistes qu'il a conviés, Cole commence.

— Quand je n'étais encore qu'un géomètre qui débutait dans le métier, je me suis perdu dans le désert. C'est à ce moment que Dieu m'est apparu et m'a demandé de construire cette grande voie ferrée.

Il laisse ses paroles en suspens afin que chacun puisse s'en imprégner, puis il poursuit.

— Il ne faut laisser personne nous détourner de notre objectif. À partir de maintenant, tous les traités avec la nation indienne sont annulés. Nous serons à Promontory Summit avant la date prévue, dans trois jours.

Avec un signe de la main, Cole se fraye un passage parmi la foule qui l'acclame et se dirige vers la construction. Il s'arrête pour signer des documents et discuter avec les contremaîtres, avant de marcher jusqu'à un wagon dissimulé sous une toile. Cole la retire pour examiner des douzaines de caisses où il est écrit : « Extrêmement volatile ».

— Elles sont arrivées hier, explique Wendell, son assistant, en désignant les explosifs à base de nitrate.

— Entrepose-les dans un endroit sûr, dit Cole en replaçant la toile.

Il jette un coup d'œil à sa montre, lorsqu'il entend le son d'une cinquantaine de chevaux qui s'approchent du site. La Septième Cavalerie, menée par le capitaine J. Fuller, vient d'arriver. Un éclaireur tonkawa vêtu d'un uniforme chevauche à ses côtés.

— Je crois que vous avez un problème avec les Indiens, déclare Fuller en guise de salutations.

Cole referme sa montre à gousset.

— Il était temps.

Contrairement à ce qu'il espérait, les choses ont, hélas, encore empiré pour Lone Ranger. Après avoir été recousu avec une aiguille à la propreté plus que douteuse, il a été traîné hors de sa cage jusqu'à un immense tipi, et on l'a agenouillé de force devant le chef Grand Ours et les

135

anciens. Genou Rouge, un célèbre guerrier comanche, se tient près des deux prisonniers, qu'il fixe du regard.

Lone Ranger déglutit nerveusement. Puis il fait ce qu'il fait toujours en pareil cas, quand il ne sait pas comment se comporter : il ouvre la bouche et se met à parler.

— Je m'appelle John Reid. Je sais que vous n'avez pas attaqué ces habitations. Si vous me laissez partir, je le prouverai. Vous me comprenez ?

Il essaye de regarder à travers le rideau de fumée qui s'échappe du feu, pour vérifier si le chef et les anciens l'ont bel et bien compris. Mais leurs visages demeurent impassibles, de vrais blocs de glace.

— Je viens en paix, continue John, en posant les mains sur son cœur. Moi, un Promeneur Fantôme. Revenu de l'au-delà. Chasseur de Wendigo... entre autres.

Le chef Grand Ours hausse un sourcil et s'adresse à Genou Rouge.

— Insolation ? lui demande-t-il dans leur langue natale.

— Ou alors, son esprit est empoisonné par le whisky.

Se retournant vers le ranger, le chef se met à parler dans la même langue que la sienne cette fois.

— Il t'a demandé de porter un masque, dit-il en parlant de Tonto.

Lone Ranger acquiesce. Aussitôt, le chef Grand Ours éclate de rire, imité par les anciens.

— C'est drôle ? interroge le ranger, troublé.

— Très, répondent en chœur le chef et Genou Rouge, complètement hilares.

— Tonto est comanche, proteste Lone Ranger. C'est l'un des vôtres.

Le chef Grand Ours reprend son sérieux et secoue la tête.

— Il ne l'est plus.

Il attrape un couteau et l'utilise pour ouvrir la montre à gousset de Tonto.

— Son cerveau est cassé. Il fait désormais bande à part.

Tandis que le chef étudie la montre, la fumée qui l'entoure semble se dissiper.

Il entame son récit, et l'esprit du ranger s'évade au fil de l'histoire...

— Il y a de nombreuses lunes, un garçon trouva deux hommes blancs dans le désert. Il les ramena au village afin qu'ils soient soignés. Quand ces hommes trouvèrent du minerai d'argent dans la rivière, ils demandèrent au garçon d'où celui-ci provenait...

De plus en plus captivé, Lone Ranger se prend à imaginer ce jeune garçon naïf, désireux d'impressionner les hommes blancs. L'un d'eux sort une montre qu'il ouvre d'un geste, sous les yeux ébahis de l'enfant. En échange de cet objet bon marché, le jeune Indien accepte de conduire les deux hommes à la source du minerai. C'est une montagne dont la forme évoque celle d'une personne endormie. L'eau s'écoule des hauteurs en charriant plus d'argent qu'ils n'en ont jamais vu...

Le chef Grand Ours poursuit son récit.

— Ils emportèrent autant d'argent qu'ils pouvaient. Mais ils voulaient que personne ne connaisse l'emplacement de ce gisement,

pour pouvoir y revenir un jour, alors…

Une autre image traverse l'esprit de Lone Ranger. Le jeune Comanche, complètement bouleversé, déambule parmi des corps étendus sur le sol. La rivière est devenue rouge sang.

— Le garçon ne pouvait pas vivre avec ce qu'il avait fait. Aussi, il décida que ces hommes étaient possédés par un esprit malfaisant qui provenait de l'argent. Il l'appela « Wendigo », en référence aux histoires de fantômes qu'on racontait aux enfants pour les endormir. Et il fit serment que quand il retrouverait ces deux hommes, il verserait leur sang sur la terre de ses ancêtres, afin de pouvoir retourner auprès de sa tribu…

La voix du chef s'éteint, tandis que Lone Ranger essaye de chasser ces terribles images de son esprit.

— Le garçon... dit-il. C'était Tonto ?

Refermant la montre d'un coup sec, le chef comanche acquiesce, puis saisit un autre objet. Le totem de Dan.

— Tu es John Reid, le frère de Dan ?

— Oui, c'est exact.

Le chef le considère pensivement.

— Avec ce totem, ton frère a juré de protéger notre terre. En échange, nous devions respecter la paix. Maintenant, la cavalerie s'en prend à nos enfants. Comme tous les hommes blancs, ton frère a menti.

— Non ! s'écrie Lone Ranger, avant de se calmer. Dan a été assassiné. Laissez-moi partir et je tiendrai ses promesses.

Le chef Grand Ours semble étudier le totem à la lumière vacillante des flammes. Cela dure longtemps... beaucoup trop, au goût de John, qui n'y tient plus.

— Alors, nous avons un accord ?

Le chef se fige, laissant Lone Ranger espérer une réponse favorable. Cette étincelle d'espoir brille un long moment.

— Pas vraiment, répond-il.

Peu de temps après, Lone Ranger se retrouve enterré jusqu'au cou dans le sable du désert, tout comme Tonto. Non loin, les guerriers comanches enfourchent leurs chevaux. Leurs visages sont peints, et leurs armes soigneusement aiguisées. Du haut d'une crête, un éclaireur envoie un signal, tandis qu'un nuage de poussière s'élève dans les airs. L'ennemi arrive. Le moment de la guerre est venu.

Voyant le chef Grand Ours passer à proximité de lui, Lone Ranger se met à crier :

— C'est une erreur ! La guerre est inutile !

Juché sur son cheval, le chef comanche a l'air encore plus imposant qu'à l'accoutumée.

— Ça ne fait aucune différence. Nous sommes déjà des fantômes.

Alors, sous les yeux impuissants des deux prisonniers, les Comanches lancent leurs chevaux au galop, dans un concert de cris de guerre qui s'atténue rapidement à mesure qu'ils s'éloignent. Enseveli, Lone Ranger

se dit qu'il n'a aucune chance de pouvoir s'en sortir. Et il préfère ne pas savoir quelle sera la prochaine étape.

Au-dessus du camp abandonné, où règne désormais un silence pesant, la poussière s'est dissipée. Laissés à l'abandon, Tonto et Lone Ranger s'ignorent du mieux qu'ils le peuvent.

Le ranger réfléchit à l'histoire racontée par Grand Ours, alors que Tonto comprend combien celle-ci a donné une mauvaise image de lui. Pour finir, aucun des deux n'est très heureux d'être enterré au milieu de nulle part !

Soudain, le son d'une trompette résonne au loin.

— La cavalerie, dit Tonto en plissant les yeux.

— Merci, Seigneur ! soupire Lone Ranger, soulagé.

Mais à peine ces mots prononcés, la cavalerie débarque au grand complet, fonçant à travers le camp déserté. Le ranger a beau crier, le martèlement bruyant des chevaux couvre sa voix. Ils risquent d'être piétinés !

Les chevaux se rapprochent de plus en plus... Le ranger ferme les yeux... Cette fois, c'est la fin.

Lentement, Lone Ranger rouvre les paupières. Le son de la cavalerie s'éloigne, jusqu'à disparaître complètement. Le visage des deux hommes est recouvert d'une épaisse couche de terre.

— Peut-être qu'ils ne nous ont pas vus, suggère le ranger après un moment.

— Ils vont probablement revenir dans une minute, acquiesce Tonto. Ça pourrait être pire.

— Pire ? répète Lone Ranger, incrédule. Comment la situation pourrait-elle être pire ?

— Nous pouvons compter l'un sur l'autre.

— Je ne te parle plus, dit le ranger en détournant la tête.

Mais le silence est de courte durée.

— Tu as entendu ? demande-t-il soudain à Tonto.

— Tu as entendu, toi aussi ?

Les deux hommes se taisent, essayant de

143

comprendre d'où vient ce bruit étrange. On dirait que quelque chose est en train de sortir du sable en grattant… Un scorpion ! Et il dresse déjà sa queue telle une arme mortelle.

— J'espérais que ce bruit se trouvait seulement dans ma tête, dit Tonto, les yeux braqués sur l'animal, qui est bientôt rejoint par six autres de ses semblables.

L'un des gros scorpions grimpe finalement sur le nez du Comanche. Près de lui, Lone Ranger souffle désespérément sur la bête pour tenter de la chasser. En vain. L'animal pointe sa redoutable queue, prêt à attaquer, et…

Une ombre recouvre la tête des deux hommes. Le cheval fantôme !

L'animal blanc se baisse, saisit le scorpion entre ses dents et… le croque. Puis il grignote le suivant, si bien que le reste des rampants préfère sagement retourner dans les profondeurs sécurisantes du désert.

— Oui ! crie Lone Ranger. Bon garçon !

Le cheval hoche la tête comme pour dire : « De rien. » Puis il se secoue afin de faire

tomber ses rênes auprès du ranger, qui attrape le lien en cuir entre ses dents. Le cheval recule pour extirper le prisonnier de sa geôle de sable. Heureux d'être enfin libre, Lone Ranger inspire profondément et remue ses membres. Puis il bondit sur le cheval fantôme.

Toujours enseveli, Tonto lève la tête.

— Tu t'en vas, Kemosabe ?

— Oui, répond Lone Ranger.

Il sait qu'il devrait le libérer. Que Tonto n'a jamais cherché intentionnellement à lui faire de mal. Mais ce sera tellement plus facile de chevaucher seul...

— Tu vas chercher Rebecca et Danny ? continue Tonto. Capturer Cavendish à l'endroit où la rivière prend sa source ?

— Exactement.

— C'est une belle journée pour mourir, dit simplement Tonto.

— Oui, même chose pour toi, répond l'autre.

Lone Ranger donne un coup de pied dans les flancs de son cheval et s'éloigne au petit galop. Malgré ses résolutions,

il ne peut s'empêcher de jeter un regard par-dessus son épaule. Il ne devrait pas se sentir coupable, car il fait ce qui est juste : sauver Rebecca et Danny, et s'occuper de Cavendish comme il se doit…

Avec un grognement, Lone Ranger rebrousse finalement chemin. Il vient juste de comprendre qu'il ne peut pas partir sans Tonto. Le Comanche le regarde comme s'il avait espéré son retour.

— La source de la rivière, tu sais où elle se trouve, n'est-ce pas ? demande Lone Ranger.

Tonto hoche la tête. L'homme masqué laisse échapper un soupir. On dirait qu'ils vont encore devoir faire un bout de chemin, collés l'un à l'autre…

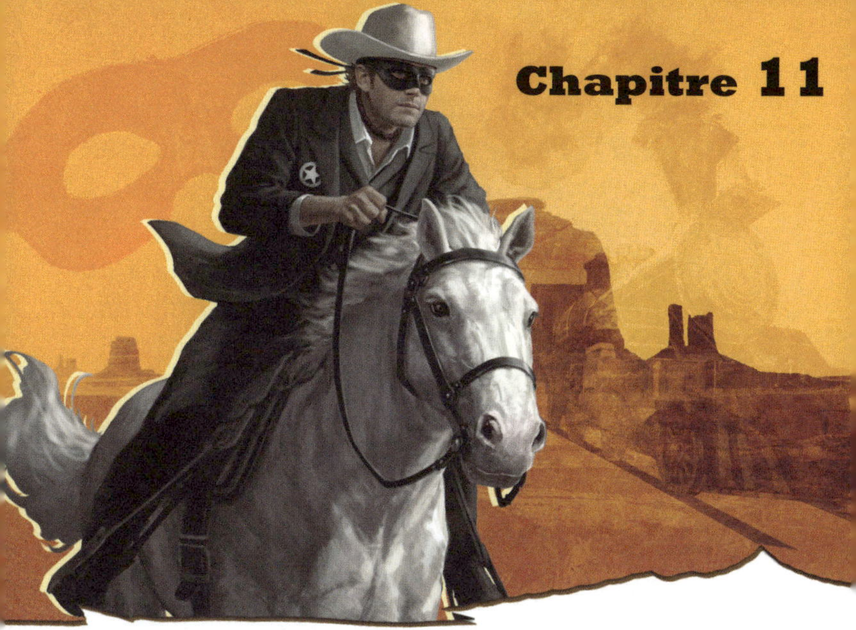

Chapitre 11

Tonto examine le totem que Dan a autrefois porté. Il est le seul à voir cette amulette très travaillée pour ce qu'elle est vraiment : une carte qui montre le chemin jusqu'à la montagne de l'Homme Endormi. Déchiffrant les indications, Tonto conduit Lone Ranger à travers le terrain rocailleux, jusqu'à ce qu'ils atteignent enfin leur destination.

L'Homme Endormi se dresse devant eux, son ombre s'étirant sur le sol du désert.

Autour de son pic, des oiseaux volent en cercle à la recherche de proies, tandis que, plus bas, des animaux détalent entre les rares bosquets.

Mais d'autres bruits résonnent, et ils ne viennent pas d'animaux, mais d'humains.

Près du sommet, une mine a été creusée, dont les différentes issues sont grouillantes d'activité. Comme s'ils exécutaient un ballet bien orchestré, des ouvriers entrent et sortent du puits en poussant des chariots sur des rails, pendant que d'autres transportent des hottes remplies de boue. Plus loin, devant des tables, des hommes font le tri entre les pierres sans intérêt et le précieux minerai.

Au milieu de toute cette agitation se trouve Butch Cavendish. Il admire une pépite d'argent, assis sous le soleil ardent, tandis que Skinny lui rase nerveusement le visage. Entendant soudain un cri, Skinny sursaute et sa main dérape, entaillant malencontreusement la peau de Cavendish.

Vif comme l'éclair, Cavendish agrippe le poignet de Skinny.

— C'était un accident, Butch, dit Skinny

en essayant de libérer sa main. Je ne l'ai pas fait exprès.

L'espace d'un instant, Cavendish réfléchit sur la conduite à tenir. Finalement, il laisse tomber.

— C'était quoi, ce bruit ?

À côté du puits principal, Ray, un des hommes de Cavendish, est en train de parlementer avec un groupe d'ouvriers. Les hommes, qui semblent effrayés, se comportent étrangement. Ils montrent du doigt la mine, puis chacun d'entre eux.

Ray rejoint Cavendish.

— Désolé, Butch. Ils disent qu'ils ne veulent plus y aller. Des fantômes indiens, ou quelque chose comme ça, qui provoqueraient les effondrements…

Le regard de Cavendish se porte sur l'homme qui se tient devant le petit groupe.

— C'est lui qui parle ?

— C'est exact, confirme Ray.

Sans ajouter quoi que ce soit, Cavendish s'approche de l'homme… et l'abat. Les autres deviennent tout à coup plus silencieux que des tombes.

— Quelqu'un d'autre souhaite négocier ?

Personne n'ose protester. Cavendish se tourne alors vers Franck.

— Maintenant, montre-leur qu'ils n'ont aucune raison d'avoir peur.

Mais Franck hésite.

— Je me disais, Butch… commence-t-il timidement. Et si on emportait ce qu'on a récolté et qu'on fichait le camp d'ici ? On est déjà riches, pas vrai ?

Une lueur assassine passe dans le regard de Cavendish. Il attend depuis vingt ans le jour où il pourra exploiter la montagne de l'Homme Endormi, alors il ne va certainement pas abandonner à cause d'une poignée de poules mouillées !

Il s'empare d'une pépite d'argent et la jette sur Franck, qui s'écroule sur le sol. Puis Cavendish dégaine son arme.

— Va dans la mine, avant que je ne te fasse un joli trou.

Sans demander son reste, Franck obéit, bien plus terrorisé par Cavendish que par n'importe quelle horde de fantômes.

Même si Cavendish et ses hommes l'ignorent, il n'y a pas que de l'argent au fond de la mine… Tonto et Lone Ranger se sont faufilés à l'intérieur en douce, et ils attendent patiemment le bon moment pour agir. Tapi dans l'ombre, Tonto observe Franck, qui avance prudemment dans le tunnel. Il s'approche de plus en plus de lui, le visage éclairé par sa lanterne.

Enfin, le Comanche décide que le moment de l'action est venu ! Il souffle sur la flamme de la lampe…

De l'extérieur, Cavendish et ses hommes perçoivent un cri perçant.

— Franck ? appelle Cavendish.

Pas de réponse. Il ordonne alors à Ray et à Skinny de partir à sa recherche. Ray attrape une lanterne tandis que Skinny prend la précaution de charger son arme. Ils entrent ensuite dans le tunnel sombre, tapissé d'étranges dessins indiens, qui ont l'air encore plus inquiétants à la lumière vacillante de la lampe.

Soudain, le cri d'un corbeau rompt le silence. Skinny fait volte-face en tirant à

l'aveugle. Le coup de feu éclaire la mine l'espace d'un instant, pendant lequel le bandit aperçoit les plumes noires d'un oiseau et l'éclat métallique d'un couteau. Derrière lui, Ray a tout juste le temps d'entrevoir une paire d'yeux entourée d'un masque, avant qu'une pelle ne vienne le frapper.

Une nouvelle fois, la mine retombe dans le silence et l'obscurité. Lone Ranger et Tonto échangent un sourire. Trois de moins !

— Ray ? Skinny ? crie Cavendish.

Ils auraient dû donner signe de vie depuis un moment déjà. Alors, le hors-la-loi pénètre dans la mine. Rien. Il dégaine son revolver et tire plusieurs fois. La seule chose qu'il entend d'abord est l'écho de ses coups de feu, suivi peu après d'un bruit métallique.

Tout à coup, un chariot apparaît et se met à rouler lentement sur les rails. Cavendish et

ses hommes ouvrent le feu pour tenter de l'arrêter, mais il poursuit son chemin. Les bandits continuent de tirer jusqu'à ce que le chariot stoppe enfin, juste devant eux.

Tous attendent de voir si quelqu'un va en surgir, mais comme personne n'en sort, les hommes s'approchent. Jetant un coup d'œil à l'intérieur, Cavendish écarquille les yeux. En guise de passager, le chariot transporte... un flacon de nitrate attaché à une mèche allumée ! *BOUM !* Le nitrate explose en projetant un mélange de métal, de terre, de pierre et d'argent partout à la ronde. Ainsi que des hommes.

Une fois la fumée dissipée, Cavendish se retrouve allongé sur le sol, blessé aux oreilles. En relevant les yeux, il distingue deux silhouettes qui marchent vers lui.

— C'est impossible... articule-t-il en repérant l'éclat d'un badge argenté qui brille dans la pénombre.

Il y a vraiment des fantômes dans la mine ! Et d'ailleurs, le fantôme ouvre la bouche.

— Où sont-ils ? demande le revenant.

— Tu es mort, remarque Cavendish.

L'homme l'agrippe par le col.

— Si tu leur as fait du mal, je jure devant Dieu que tu vas le payer !

C'est alors que Cavendish aperçoit le masque. Et il comprend.

— L'avocat et l'Indien fou.

Lone Ranger braque son arme sur sa tête.

— Réponds !

Cavendish détache lentement un morceau d'étoffe de son cou : l'écharpe de Rebecca. Puis il la porte à son nez pour la renifler.

— Elle sent bon, n'est-ce pas ?

C'en est trop pour Lone Ranger, qui le crible de coups pour le faire taire, encore et encore, jusqu'à ce qu'il n'en puisse plus. Mais il ne récolte finalement qu'un éclat de rire.

— Tu n'es pas un fantôme, dit Cavendish en crachant. Juste un homme avec un masque. Pas différent de moi.

Lone Ranger dévisage le hors-la-loi. A-t-il raison ? Est-il devenu une sorte de monstre, lui aussi, comme cet être immonde ? Il voulait seulement sauver Rebecca, et voilà qu'il a du sang sur les mains. Derrière lui,

Tonto charge une cartouche en argent dans le pistolet de Cavendish.

— Maintenant, finissons-en.

Le regard du ranger passe de Cavendish à ses mains ensanglantées, puis se tourne vers le pistolet. Il secoue la tête.

— Non. Ce n'est pas ça, la justice.

Mais Tonto insiste en lui tendant l'arme.

— Il a arraché le cœur de ton frère ! lance-t-il en espérant toucher le point faible du ranger. Quelle sorte d'homme es-tu ?

— Je ne suis pas un sauvage, rétorque l'autre.

— Alors, je le ferai moi-même, décide Tonto en repoussant brutalement le ranger.

Le Comanche s'avance en brandissant son arme. Lone Ranger veut attraper sa jambe, mais Tonto se débarrasse de lui sans difficulté.

— Tu m'as déjà empêché une fois d'accomplir ma destinée. Ça n'arrivera plus. Le Wendigo doit mourir.

Tonto pointe son arme sur Cavendish. Son bras ne tremble pas. Il a attendu cet instant depuis trop longtemps. Lone

Ranger l'observe, les yeux remplis de peine. L'histoire du chef Grand Ours lui revient à l'esprit. Celle d'un jeune garçon devenu fou.

— Les Wendigo n'existent pas, dit-il doucement, tu as tout inventé. Tu as échangé ton village contre une montre. Tu es un paria, un gamin déboussolé qui ne pouvait pas vivre avec ce qu'il avait fait.

Sur ces mots, il se lève et jette son masque.

— Les Wendigo n'existent pas davantage que l'argent maudit ou les Promeneurs Fantômes, d'aucune sorte. Je ne suis pas comme toi. J'ai une tribu.

— Tu n'as rien, réplique Tonto en regardant avec tristesse le masque tombé à terre. Tu es comme moi, mais tu es trop aveuglé pour t'en rendre compte.

— Tu as tort.

Le visage de Tonto se durcit.

— Alors, retourne auprès de ta tribu. Je n'ai plus besoin de toi.

Il se tourne vers Cavendish qu'il fusille d'un regard débordant de haine.

— Maintenant, le Wendigo doit mourir…

Il lève son arme et appuie lentement sur la gâchette. Encore un instant, et il sera débarrassé de cette culpabilité qu'il traîne depuis des années, comme un insupportable boulet. Libre, enfin…

Mais un coup de pelle met à un terme à son projet. Tonto s'écroule, tandis que Lone Ranger repose l'outil sur le sol. Laissant de côté le corps inerte du Comanche, le ranger ligote les mains de Cavendish.

C'est terminé. Le hors-la-loi est arrêté, et Tonto ne l'a pas tué. Tout se déroule exactement comme Lone Ranger le voulait. Alors, pourquoi se sent-il aussi mal ?

Pendant ce temps, Rebecca est agitée par d'horribles cauchemars : elle voit son mari, gisant dans le désert ; Cavendish, un sourire cruel sur son visage brûlé ; sa ferme, en cendres.

Quand elle réussit, au prix d'un gros effort, à ouvrir les yeux, la jeune femme regarde autour d'elle. Elle se trouve dans le wagon-lit très confortable d'un train qui semble bouger. À côté de son lit, assise sur une chaise, Kai, la femme chinoise du marché de Colby, lui offre un verre d'eau.

— Où suis-je ? interroge Rebecca.

— Bois, répond simplement Kai.

Quelques instants plus tard, la morphine contenue dans l'eau fait son effet, et Rebecca sombre de nouveau dans un profond sommeil.

Tout se déroule exactement comme il le voulait, pense Kai avec satisfaction.

Chapitre 12

Dans le wagon-restaurant du train *Constitution*, Danny Reid, vêtu d'un petit costume et d'une cravate, est assis devant un jeu de train miniature. Il n'a pas assez d'yeux pour contempler le jouet qui file à toute allure le long des rails, en passant sous de petits tunnels.

Derrière lui, Latham Cole discute avec Wendell, son assistant, et le capitaine

Fuller, devant une carte qui représente le futur réseau ferré.

— En traversant la rivière, explique Cole, nous arriverons à Promontory Summit avant la date prévue.

Il sourit, content de lui, et le militaire lui rend son sourire.

— Croyez-moi, monsieur Cole, ce que ces sauvages ont fait, nous le leur avons fait payer au centuple.

À cet instant, le petit train de Danny déraille.

— Je te l'ai dit, Danny, rappelle Cole, il faut ralentir dans les virages et accélérer dans les lignes droites.

— Oui, monsieur, répond l'enfant, gêné.

— Viens ici une minute, ajoute Cole d'un ton rassurant. Je veux te montrer quelque chose.

Danny se lève et le suit jusqu'à la grande carte accrochée au mur. Sur celle-ci, une ligne sépare virtuellement le pays en deux. Danny l'observe, fasciné, tandis que Cole explique :

— Depuis l'époque d'Alexandre le Grand, aucun homme n'a pu voyager plus rapidement que le cheval qui le transporte. Jusqu'à maintenant... Imagine. Un continent relié par le train. Cinq mille kilomètres en moins d'une semaine.

Cole soulève le train miniature.

— Celui qui maîtrise cela maîtrise le futur.

Un bruit provenant de la porte attire soudain l'attention de Cole, et son regard s'illumine instantanément. Rebecca est là, plus belle que jamais malgré ses yeux un peu vitreux.

Elle inspecte le wagon. Son regard se pose d'abord sur son fils, puis sur Cole, et enfin sur Fuller.

— Qui êtes-vous ?

Cole se charge des présentations.

— Considérez-vous comme chanceuse, ajoute Fuller. Si M. Cole n'était pas arrivé à temps, Dieu sait ce que ces hors-la-loi auraient pu vous faire !

Rebecca penche la tête. Tous ses souvenirs lui paraissent si flous...

— Nous vous sommes redevables, dit-elle doucement.

— C'est moi qui suis redevable. Depuis la guerre, je prie Dieu pour qu'il m'offre une famille sur laquelle veiller.

Alors que Cole parle, la mémoire de Rebecca lui revient peu à peu.

— Il en reste un, répond-elle.

— Pardon ? demande Cole, perdu.

Il vient quasiment de lui demander sa main, et elle lui répond par une phrase incompréhensible !

— Un ranger est encore en vie, précise Rebecca, tandis que Cole sent son cœur s'arrêter.

—J'ai bien peur que vous ne fassiez erreur, répond le capitaine Fuller. Mes hommes ont découvert sept tombes. Peut-être que lorsque vous vous êtes cogné la tête...

Cole se ressaisit brusquement et lève une main.

— S'il y a un ranger encore vivant, nous écumerons le pays jusqu'à ce que nous l'ayons retrouvé. Je vous en fais la promesse.

Alors qu'un serveur apporte un chariot

chargé de nourriture, Latham Cole se met à prier en son for intérieur. Il prie pour retrouver le ranger avant que celui-ci ne raconte à tout le monde ce qu'il a vu...

Malheureusement pour Cole, Lone Ranger n'est pas loin. En fait, il est même... tout près ! Plus précisément, juste à l'extérieur du train. Après avoir quitté Tonto et la montagne de l'Homme Endormi, Lone Ranger a repris le chemin de Colby. Il a traîné Cavendish derrière lui, en ignorant ses grognements et ses jurons. Lone Ranger n'a qu'un but : faire passer cet odieux criminel devant la justice.

Le pont est enfin en vue. Soulagé, le ranger donne un coup d'éperons.

Garé à l'extrémité de la construction, le *Constitution* attend sagement que le pont soit terminé pour pouvoir reprendre sa route.

Les lumières sont allumées dans plusieurs de ses wagons. Lone Ranger s'en approche.

— Latham Cole ! appelle-t-il.

Dans le train, le cœur de Rebecca accélère. Elle connaît cette voix ! Danny semble également le penser, car il se précipite à la fenêtre et crie :

— Papa !

Rebecca se lève pour sortir. Mais lorsqu'elle pose sa main sur le bouton de la porte, Cole la retient par le bras.

— Vous ignorez qui est dehors, lui dit-il en la serrant fermement.

— J'ai l'intention de le découvrir, répond-elle, déterminée.

Sans la lâcher, Cole sort un pistolet de sa veste, puis il appelle son assistant.

— Wendell, escorte Mme Reid et son fils jusqu'au wagon de ravitaillement. Assure-toi qu'ils y restent, pour leur propre sécurité.

Tandis que Wendell entraîne de force la mère et son fils, Cole brandit son pistolet. Il est à deux doigts d'obtenir tout ce qu'il a toujours désiré. Aucun homme, aucun ranger, aucun fantôme ne pourra le lui voler. Il ouvre la porte et sort avec Fuller dans la nuit. Juste devant eux, un homme se tient sur un énorme cheval blanc.

— Qu'y a-t-il, mon ami ? demande Cole, d'un ton plutôt méfiant.

L'homme relève le nez sous son large chapeau, ce qui laisse apparaître son visage. John Reid !

— Voici l'homme que vous recherchez, annonce-t-il.

Avec un couteau, il tranche la corde qui relie Cavendish à sa selle et le pousse brutalement en avant. Cole examine Cavendish de la tête aux pieds, avec une expression indéchiffrable. Le criminel supporte son regard sans sourciller.

— Butch Cavendish, dit Cole. On dirait l'un de ces gros lézards terrés dans le désert. Le dernier d'une espèce en voie de disparition…

165

Mais quand Cole commence à le mal-
mener à coups de pied, Lone Ranger
s'interpose.

— Ça suffit. Je l'ai conduit ici pour qu'il
soit présenté devant la justice, pas pour qu'il
soit battu.

— Bien sûr, répond Cole en reprenant
son souffle. Capitaine ?

Fuller s'approche et lui tend une paire
de menottes, que Cole referme autour des
poignets de Cavendish.

Lone Ranger hoche la tête, satisfait. Sa
tâche est terminée. Pourtant, quelque chose
continue de le déranger…

Un peu plus tard, dans le wagon-
restaurant du *Constitution*, Lone Ranger
est installé devant un bon repas, qu'il
dévore avec avidité.

— John, c'est ça ? s'enquit Cole, en rem-
plissant de whisky deux verres en cristal.

Son invité acquiesce.

— Mon frère est mort, raconte-t-il.

— Je suis désolé. Nous avions peur que vous ne soyez tous morts. On colportait des rumeurs sur un homme masqué, et même sur un fantôme selon certains. Mais vous êtes là, en chair et en os. Comment puis-je vous remercier pour ce que vous avez fait ?

— En stoppant cette guerre avant qu'il ne soit trop tard. Les Comanches n'ont pas attaqué les habitations, c'était Cavendish. Pour ça...

Lone Ranger fouille dans sa poche et en extirpe une pépite d'argent qu'il jette sur la table. Cole s'en empare et la soupèse dans sa main. Puis il marche jusqu'à la carte du réseau ferré.

— Butch Cavendish. Il représente tout ce que je déteste.

Tout en parlant, Cole sort sa montre à gousset. Avec un geste expert, il la fait tournoyer dans les airs, avant de la rattraper entre son pouce et son index.

Lone Ranger connaît ce geste. C'est le même que Tonto tente encore et encore de reproduire, sans jamais y parvenir. Celui qu'il a vu exécuter par un homme blanc quand il était petit et qui l'a tant fasciné. C'est ce geste, enfin, pour lequel Tonto a sacrifié involontairement sa tribu.

À cet instant, le train se met en route avec une secousse. Lone Ranger scrute le wagon remarque du rouge à lèvres sur un verre, ainsi qu'un train miniature pour enfant. Cole ne se rend compte de rien. Il avance jusqu'à une grande armoire.

— Des hommes tels que Cavendich ne peuvent pas comprendre ce que vous et moi savons : qu'un individu ne peut pas rester le même quand le monde évolue autour de lui.

Il ouvre un tiroir et regarde en souriant le pistolet qu'il contient.

— Mais un homme ne peut pas choisir son frère, n'est-ce pas ? C'est ce que nous sommes, Cavendish et moi : deux frères nés dans le désert il y a très longtemps.

Sur cette révélation, il fait volte-face, son arme à la main... Mais à sa grande surprise, le ranger n'est plus assis derrière la table.

Tout à coup, Cole sent un revolver pointé sur sa tempe.

— La voie ferrée, dit Lone Ranger. Voilà ce que Dan a découvert dans le désert. Il savait que cela allait provoquer une guerre, et c'est pour cette raison que vous l'avez fait tuer... Arrêtez ce train.

Cole éclate de rire.

— Hors de question.

Lone Ranger l'empoigne par les bras, puis marche en direction de la porte.

Pendant que le train poursuit son avancée sur les rails, Rebecca réussit à échapper à la vigilance de Wendell. Après avoir laissé Danny en sécurité dans le wagon de ravitaillement, elle s'est mis en tête d'aller demander de l'aide en se faufilant par une fenêtre, puis en escaladant le côté du train. Mais voilà que le train traverse le pont, qui est encore sur des tréteaux ! Rebecca se

retrouve dans une situation encore plus délicate, les pieds dans le vide !

Elle n'a pas le choix : elle doit absolument retourner à l'intérieur du train. Inspirant profondément, elle réussit à se glisser par une fenêtre... et se retrouve nez à nez avec Butch Cavendish.

— Cole se trompe à propos de toi, dit le hors-la-loi. Les femmes dans ton genre ne peuvent pas être influencées. Elles doivent être brisées, comme des chevaux.

Le *Constitution* se balance sur les rails, tandis que Lone Ranger entraîne Cole de voiture en voiture. Il veut rejoindre la locomotive et arrêter le train. Lorsqu'il arrive dans le wagon de ravitaillement, le ranger se fige en apercevant Danny. Le garçon a suivi à la lettre les directives de sa mère et tient Wendell en joue avec un pistolet sans le quitter des yeux.

Pourtant, en entendant la porte, Danny se détourne un instant, le cœur rempli d'espoir. Mais ce n'est pas son père qui vient à son secours.

— Baisse ton arme, lui demande gentiment Lone Ranger.

— Où est mon papa ? interroge le garçon sans obéir.

— Il est mort, répond Cole. Il l'a tué, ajoute-t-il en désignant le ranger.

Danny éclate en sanglots, son doigt toujours crispé sur la gâchette.

— La ferme ! siffle le ranger, avant de parler plus doucement à Danny. C'est faux. Écoute-moi, je suis ton oncle John. Tu te souviens de moi ?

— Tu me fais confiance, n'est-ce pas, Danny ? le coupe Cole.

Danny est complètement perdu. C'est vrai, il connaît Cole, qui lui a offert des cadeaux et qui est toujours gentil avec sa mère, alors qu'il n'a croisé John qu'une seule fois, et encore, en coup de vent. Pourtant, c'est quand même son oncle. Le regard de Danny va de l'un à l'autre, sans réussir à se décider.

— Danny ? dit sa mère, derrière lui.

Rebecca se tient à l'autre bout du wagon, ainsi qu'un homme balafré au visage terrifiant.

— Pose ton arme, Danny, lui dit-elle.

À cet instant, le capitaine Fuller fait irruption à son tour, son pistolet braqué sur Lone Ranger. Effrayé, Danny en laisse tomber son arme, que Cavendish s'empresse de ramasser.

— Capitaine, arrêtez ces hommes, lance Lone Ranger.

— Cet homme est un criminel, rétorque Cole en désignant le ranger. Il a pénétré sans autorisation sur les propriétés du chemin de fer.

— Les Comanches n'ont pas attaqué ces maisons. Ce sont eux qui ont tout manigancé pour pouvoir violer le traité, explique Lone Ranger en désignant Cole et Cavendish. Vous représentez le gouvernement des États-Unis, Capitaine. Vous ne travaillez pas pour Cole.

— Capitaine ! hurle Cole.

— Ils ont commencé la guerre ! crie en même temps le ranger.

Décontenancé, le capitaine ne sait pas quoi faire. Si cet homme, avec son chapeau blanc, dit la vérité...

— Cela signifirait que j'ai attaqué les Comanches sans raison, réalise-t-il avec horreur.

Cole saisit sa chance.

— C'est exact, Capitaine. Vous auriez massacré des innocents. Leur sang serait sur vos mains.

Lone Ranger retient son souffle en attendant la réaction du militaire. Ce dernier finit par parler.

— Ces gentlemen travaillent pour le chemin de fer. Mais vous, qui êtes-vous ? demande-t-il en dirigeant son arme sur John.

Une fois encore, Lone Ranger est dans de sales draps...

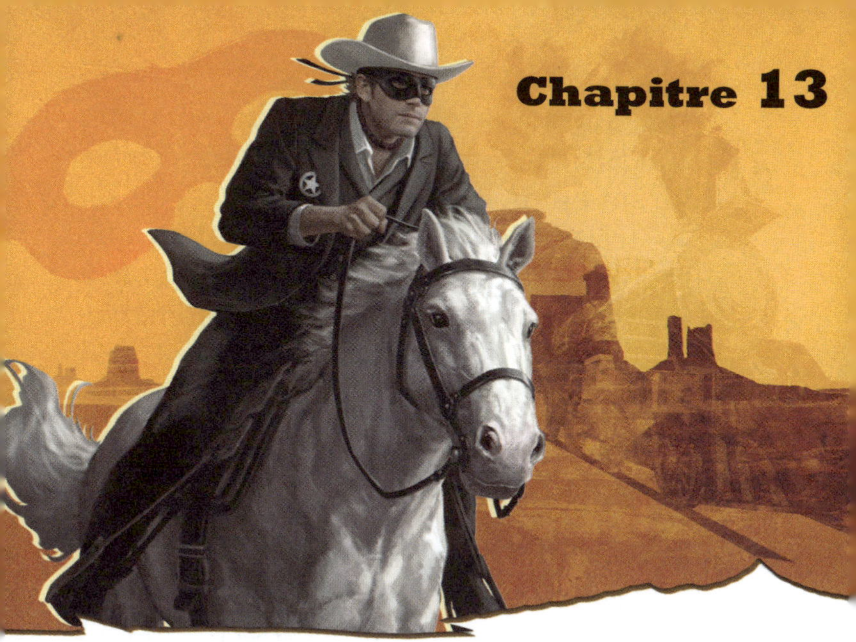

Chapitre 13

Le *Constitution* fonce dans la nuit en traversant le désert plus rapidement que n'importe quel cheval, avant de s'arrêter devant la mine de l'Homme Endormi.

Pendant que la cavalerie sort du train et se déploie, Cole, Cavendish et Fuller s'approchent de l'un des puits. À l'intérieur sont entreposés huit wagons de marchandises recouverts de bâches. Retirant l'une d'elles, Cavendish dévoile ce qu'elle

cache : plusieurs tonnes d'argent pur. Cette vision suffit à combler Cole, dont les lèvres s'étirent en un sourire satisfait.

— Ici, tout ça n'a pas plus de valeur que de la pierre, explique-t-il. Mais chargez-le à bord du train, et cela deviendra inestimable.

Fuller saisit une pépite d'argent, qui étincelle dans sa main.

— Mon Dieu ! Qu'allez-vous bien pouvoir acheter avec ça ?

— Un pays, Capitaine, répond Cole. Un grand pays pour lequel nos enfants nous remercieront.

Tandis que les trois hommes continuent de discuter, une rangée de mineurs passe près d'eux en traînant les pieds, leurs têtes baissées et masquées par de grands chapeaux. Le dernier ouvrier de la file porte une cage contenant un oiseau, et cet étrange détail ne manque pas d'intriguer l'un des soldats. Qu'est-ce qu'un mineur fait avec un oiseau qui semble... mort ? Mais le soldat finit par hausser les épaules. Avec tout ce qu'il y a à faire, il n'a vraiment pas de temps à perdre en broutilles !

D'un cri, il ordonne le début de la manœuvre. Première étape : détacher les wagons de queue du *Constitution* et les ranger ensuite sur une voie latérale. Seconde étape : faire entrer le train dans la mine pour qu'il puisse être rattaché aux wagons qui contiennent l'argent. Cet échange passera complètement inaperçu aux yeux des habitants de Colby.

Profitant de toute cette agitation, l'homme à la cage se faufile à l'intérieur de la mine. Ce qu'il ignore, c'est qu'un soldat l'a repéré…

Pendant ce temps, à l'intérieur du wagon-salon, Rebecca observe les ouvriers qui s'affairent autour du train. Puis elle aperçoit Lone Ranger qui passe sous une fenêtre, étroitement ligoté et escorté par des soldats. Elle sait ce que cela signifie.

— S'il vous plaît, ne faites pas ça, supplie-t-elle en regardant Cole qui vient d'entrer

dans la voiture. Je ferai ce que vous voulez.

Cole semble réfléchir avant de répondre.

— J'étais à la bataille de Gettysburg, qui a fait douze mille victimes. Vous savez ce que j'en ai appris ? Rien ne peut être accompli sans sacrifice.

Malgré elle, Rebecca sent la colère monter. Qu'est-ce que Cole sait du sacrifice ? Elle a déjà perdu son mari, elle refuse de perdre aussi John. Ne pouvant plus se contenir, elle crache au visage de Cole, penché sur elle. Les joues de l'homme s'enflamment, ses yeux s'emplissent de rage. Il empoigne la jeune femme, prêt à la frapper.

— Laissez-la tranquille ! crie Danny en lui sautant dessus.

Cole fait volte-face et le repousse brutalement. Il a été suffisamment gentil comme ça. Maintenant, chacun va devoir payer pour ses erreurs !

À l'extérieur, le *Constitution* amorce une marche arrière pour pénétrer dans la mine, sous la haute surveillance de l'ingénieur en chef. Attacher le train aux wagons de

178

marchandises est une manœuvre délicate, et chaque étape doit être scrupuleusement respectée.

Mais, soudain, un cri près de lui attire son attention. Un soldat braque un pistolet sur le mineur qui tient une cage. En la regardant de plus près, l'ingénieur se rend compte que l'oiseau ne bouge pas. Il arrive que des ouvriers apportent des animaux dans les mines pour détecter les éventuelles fuites de gaz, aussi inodores que dangereuses, mais à quoi bon utiliser un oiseau… mort ? À moins que…

L'ingénieur écarquille les yeux. L'oiseau a succombé à une fuite de gaz mortel !

— Une fuite ! hurle-t-il.

Tandis que ces cris résonnent dans la mine, tous se mettent à courir. Sans demander son reste, le soldat rengaine son arme et suit les autres, en abandonnant le mineur à la cage.

Lentement, l'homme ôte son chapeau et sourit. C'est Tonto. Il est fier de sa ruse. Quel meilleur prétexte qu'une fuite de gaz pour faire évacuer une mine ?

Tout près de là, Lone Ranger a été amené sur un wagon plateforme, les yeux bandés, face à une ligne de soldats qui attendent les ordres. Pendant ce temps, le *Constitution* continue de reculer à l'intérieur de la mine.

— Prêts ! crie Fuller.

Les hommes saisissent leurs fusils.

— En joue !

Les sept armes se pointent en direction du ranger.

— Feu !

Juste à l'instant où Fuller abaisse son sabre en donnant l'ordre d'exécution, la situation dérape. Dans un énorme fracas métallique, le *Constitution* entre en collision avec les wagons de marchandises, et les soldats, surpris par le bruit, ratent leur tir.

Derrière son bandeau, Lone Ranger s'interroge. Que se passe-t-il ? Et surtout, pourquoi est-il encore en vie ? Tout à coup, il sent une secousse sur la plateforme. Puis il entend une voix familière.

— Ne crains rien, Kemosabe, murmure Tonto, les mains posées sur le levier qui sert à manœuvrer le wagon solitaire.

— Tonto ? s'étonne Lone Ranger.

Jamais il n'aurait cru être aussi heureux d'entendre sa voix ! Mais avant que le Comanche ait pu répondre, un léger sifflement se fait entendre. Puis un autre, et encore un autre. Un rideau de flèches fend bientôt le ciel nocturne, tirées par des assaillants invisibles. L'une d'elles vient frapper le levier, juste sous le nez de Tonto, qui déglutit.

— Aucune raison de te faire du souci, dit-il en actionnant le levier aussi vite qu'il le peut, tandis que derrière eux résonnent les cris de guerre des Comanches.

Impuissant, Lone Ranger est obligé de se fier à Tonto pendant qu'ils avancent sur les rails. Tout autour d'eux, des soldats tombent, transpercés par d'implacables flèches.

Du coin de l'œil, Tonto avise le *Constitution* qui avance derrière eux. Le train fonce droit dans la mine ! Le Comanche regarde la locomotive et aperçoit Latham Cole aux commandes. Alors, il comprend. Cole les a vus et il veut les empêcher de s'enfuir – au

moins autant que Tonto veut l'empêcher de piller la mine d'argent !

Tonto accélère frénétiquement le mouvement et se retrouve rapidement plongé dans l'obscurité du puits.

— Tonto ? s'inquiète nerveusement Lone Ranger en entendant le grondement assourdissant du train. Qu'est-ce que c'est ?

Jetant un coup d'œil par-dessus son épaule, le Comanche constate que le *Constitution* est en train de les rattraper. Vite. Beaucoup trop vite !

— On saute, commande-t-il.

Pour la première fois depuis leur rencontre, Lone Ranger ne trouve rien à redire.

— À droite ou à gauche ?

— On saute, maintenant ! hurle Tonto.

Une seconde plus tard, ils roulent sur le sol de la mine, tandis que sur les rails, au-dessus d'eux, le *Constitution* pulvérise le wagon sur lequel ils se trouvaient un instant auparavant.

Puis il y a un crissement, tandis que le train s'arrête et fait marche arrière. Tonto détache Lone Ranger et enlève son bandeau.

Ils échangent un sourire de soulagement. Ils ont eu drôlement chaud !

Mais leur répit est de courte durée. Le son d'un objet en train de rouler leur fait lever les yeux, juste à temps pour apercevoir un baril de kérosène qui fonce droit sur eux ! De toute évidence, Cole est bien décidé à se débarrasser définitivement d'eux. Comme pour le prouver, un autre baril rejoint le premier… et une mèche allumée y est attachée ! Les deux hommes s'enfuient en courant pour sauver leur peau, suivis par une gigantesque boule de feu !

Au loin, la mine devient plus étroite. Mais dans la lumière pâle, Tonto aperçoit un scintillement… celui d'une rivière. Après l'avoir signalé à Lone Ranger, ils plongent dedans, tandis que les barils explosent.

Dehors, le combat est sans pitié, et les sol-dats semblent désavantagés. Leurs munitions

commencent à manquer, et comme ils ne connaissent pas la région, ils ont du mal à se cacher. Les Comanches, eux, connaissent par cœur le moindre recoin de la montagne de l'Homme Endormi. Et, contrairement aux militaires, ils sont montés sur des chevaux ! Tout porte à croire que, cette fois, les Indiens vont l'emporter.

Mais, tout à coup, Fuller sort les mitrailleuses. Comme si elles étaient folles furieuses, les armes automatiques crachent des balles à tout va. Un à un, les Comanches s'effondrent.

Touché à son tour, Genou Rouge succombe dans la rivière, qui se trouble. En voyant ses guerriers tomber l'un après l'autre, le chef Grand Ours attaque Fuller. Mais le capitaine se tient prêt ! Il agrippe le poignet du Comanche et lui assène un coup de sabre mortel.

Quand les mitrailleuses se taisent enfin, il ne reste plus aucun Indien en vie. Grand Ours rend son dernier soupir en fusillant Fuller du regard. Dans sa grande sagesse, le chef comanche a toujours su que ce jour

arriverait. Aussi, il ne ressent ni peur ni douleur.

Fuller regarde ses gants tachés et se met à trembler. Qu'a-t-il donc fait ?

Lone Ranger s'extirpe de l'eau en toussant, suivi de près par Tonto qui se laisse tomber sur le sol. Pendant un moment, ils restent ainsi, allongés sur le rivage, et luttent simplement pour reprendre leur souffle. Puis Tonto se redresse et découvre une vision d'horreur.

Devant lui, la rivière est rouge. Tonto revit le pire cauchemar de son existence, cette image atroce qui le hante depuis l'enfance. Sous l'emprise de l'émotion, il tourne le dos à Lone Ranger pour masquer sa détresse. La dernière chose qu'il souhaite, c'est que son ami ait pitié de lui. En cet instant, il a juste besoin de son oiseau. En scrutant les alentours, il le retrouve, étendu

mollement sur le rivage, et se lève pour aller le ramasser. Plongé dans ses pensées, Lone Ranger finit par le rejoindre.

— Tu avais raison, dit-il. Il n'y a pas de justice. Cole contrôle tout : le chemin de fer, la cavalerie... Tout. Si des hommes tels que lui représentent la loi, alors je ferais encore mieux d'être un hors-la-loi.

Tonto hoche la tête. Ce n'est pas trop tôt !

— C'est pourquoi tu dois porter un masque, dit le Comanche en farfouillant dans sa pochette.

Lone Ranger attrape le masque qu'il lui tend en acquiesçant. Il a enfin compris. Tout n'est pas noir ou blanc, et le bien et le mal ne sont pas toujours clairement séparés. Porter un masque ne fait pas de lui un homme mauvais.

Soudain, ils entendent le bruit d'une branche qui se fend, au-dessus d'eux. D'un même mouvement, ils lèvent les yeux, puis le ranger sourit. En haut de l'arbre, se tient le cheval fantôme. Ils ont au moins trouvé un moyen de transport pour retourner à Colby ! Comme dirait Tonto, ça pourrait être pire...

Une fête bat son plein à Promontory Summit. La ligne de chemin de fer transcontinentale est enfin terminée. Sur les rails, la locomotive du *Constitution* touche celle du *Jupiter*. Un train vient de l'Ouest, et l'autre de l'Est : les États-Unis sont bel et bien… réunis !

Au son joyeux d'une fanfare, des hommes, des femmes et des enfants trépignent d'impatience. Ils ont hâte de pouvoir participer, même de loin, à cette page décisive de l'histoire de leur pays. Sur le quai, le vice-président Colfax s'adresse à la foule. Le gouverneur du Texas ainsi que des actionnaires sont assis à ses côtés.

— Mesdames et messieurs, commence Colfax d'une voix forte, nous nous trouvons ici aujourd'hui pour célébrer un rêve. Et maintenant, je voudrais vous présenter l'homme qui a permis de transformer ce rêve en réalité.

Il désigne un homme corpulent qui se trouve près de lui. Avec sa moustache impeccable et ses vêtements voyants, il incarne l'image même du requin de la finance.

— Le président de la Société des chemins de fer transcontinentaux : M. Lewis Habberman, troisième du nom.

L'homme se lève péniblement.

— Je vous remercie, monsieur le vice-président, mais c'est un travail d'équipe. Les ouvriers devant vous méritent également vos applaudissements, tout comme cet homme, en particulier, l'employé le plus loyal, le plus dévoué de la Société des chemins de fer : M. Latham Cole !

Cole s'avance en saluant le public, son éternel sourire plaqué sur son visage.

— J'ai l'honneur de vous offrir ceci en témoignage de notre gratitude, déclare Habberman en lui tendant une montre à gousset.

En apercevant l'objet, Cole s'efforce de ne pas lever les yeux au ciel. Une autre montre ! Exaspérant. Mais au fond, peu importe. Bientôt, il deviendra plus riche que ce baron de la finance, et il lui montrera à quel point il se moque de sa stupide montre.

À la fin de la cérémonie, la foule se disperse. Tous ignorent les projets secrets de Cole concernant la ligne de chemin de fer et l'existence de la mystérieuse cargaison transportée dans les wagons de marchandises du *Constitution*. Pendant que le public va profiter du reste de la journée pour flâner, Cole fait signe aux dignitaires qui commencent à partir.

— Monsieur Habberman ? Si vous et les autres actionnaires voulez bien m'accompagner par ici, j'ai une petite surprise pour vous.

Brusquement, ils entendent le son étouffé d'une explosion. En redressant la tête, Cole distingue un panache de fumée qui s'élève au loin.

— Qu'est-ce que c'était ? interroge Habberman, le menton agité d'un petit rire nerveux.

— Nous creusons des tunnels pour l'approvisionnement. Aucune raison de vous inquiéter, répond calmement Cole.

Puis il conduit le petit groupe jusqu'à la gare, où Cavendish les attend dans des vêtements flambant neufs.

— Va chercher la fille, lui ordonne Cole du coin de la bouche, sans se départir de son sourire.

San Francisco.

— Où avez-vous trouvé les explosifs ? demande Will.

Il a écouté chacun des mots du vieux Tonto, mais il ne se souvient pas l'avoir entendu mentionner des explosifs.

Tonto s'avance à travers l'ouverture du faux tipi dans lequel il s'est réfugié.

— Je te l'ai dit.

— Non, répond Will en secouant la tête.

Tonto lui a parlé d'un cheval qui parle, d'une montagne qui ressemble à un homme endormi, d'une terrible bataille et de bien d'autres choses encore. Mais pour les explosifs, Will croise les bras sur la poitrine et attend de pied ferme une explication.

Quand Tonto se décide à sortir du tipi, il tient

un costume noir et un chapeau melon, posés sur un cintre.

— Nous avions un plan. C'était un bon plan.

Tonto brosse le costume avec une vieille raquette de badminton cassée, sous les yeux étonnés de Will. Puis il lui explique tout. Le jour où Lone Ranger et lui sont allés cambrioler la Banque municipale de Colby, ce n'était pas pour voler de l'or ou des dollars, mais le nitrate de Cole. Ce dernier avait ordonné à Wendell de le ranger en lieu sûr. Et son assistant, dénué d'imagination, avait supposé qu'un coffre était l'endroit le plus sûr. Mais Lone Ranger avait compris où se trouvait la cachette et il avait mis la main sur une quantité suffisante de nitrate pour faire exploser une ville !

En entendant cela, Will retrouve le sourire. Il le savait ! Lone Ranger n'aurait jamais pu devenir un bandit. Cela dit, qu'a-t-il fait avec tout ce nitrate ?

Chapitre 14

Dans le wagon-salon, Rebecca demeure silencieuse, le front appuyé contre une vitre. Elle a entendu l'explosion et vu le nuage de fumée, et elle a sa petite idée sur son origine.

La porte derrière elle s'ouvre en grinçant. Cavendish, flanqué de deux soldats, fait son entrée.

— Il vient pour vous, déclare Rebecca. Exactement comme Franck l'a dit.

Cavendish s'approche d'elle, mais Rebecca n'a plus peur de lui. Elle fixe du regard l'homme au visage balafré. Il ne lui inspire plus que de la répulsion.

— Vous allez mourir aujourd'hui, lui dit-elle.

Cavendish change brusquement d'expression, et Rebecca sourit. Les rôles se sont enfin inversés : désormais, c'est lui qui est effrayé. Avec un cri de rage, il se jette sur elle et commence à la secouer brutalement.

— Lâchez-la ! hurle Danny en sortant de sa cachette.

Cavendish se calme, mais garde une main étroitement enserrée autour du bras de la jeune femme.

— M. Cole veut dire un mot à ta maman.

Puis, les yeux rivés sur Rebecca, il ajoute :

— Au moindre problème, tu ne reverras jamais ton garçon.

Rebecca hoche la tête pour lui montrer qu'elle a compris et qu'elle se tiendra tranquille. De toute façon, même s'ils ne viennent pas d'elle, les problèmes leur tomberont dessus tôt ou tard.

Et effectivement, juste à l'extérieur, le capitaine Fuller et ses hommes inspectent scrupuleusement le train pour s'assurer qu'il n'y a aucun passager clandestin. Fuller remarque plusieurs soldats qui paressent près des wagons de marchandises et se dirige vers eux.

— Vous avez vérifié en dessous ?

Les hommes acquiescent.

— Eh bien, vérifiez encore !

Les soldats se lèvent en ronchonnant. Ils ont déjà tout contrôlé ! Qu'est-ce qui peut bien rendre le capitaine aussi nerveux ? Et d'abord, qui pourrait avoir l'idée de se cacher sous un train ? Ce qu'ils ignorent, c'est qu'à l'instant même, quelqu'un est justement tapi sous l'un des wagons !

Tonto, les doigts fermement agrippés au train, retient son souffle en entendant les soldats s'agiter. Si jamais ils le trouvent…

Soudain, il entend un brouhaha, tout près. Puis il entrevoit le bas de plusieurs robes, ainsi qu'une jambe artificielle, vraiment très blanche. Il sourit et tend l'oreille.

— Puis-je vous aider, madame ? demande Fuller en bloquant le passage vers le train.

195

— Je crois que j'ai filé mon bas, répond Red, tout sucre, tout miel, en posant sa jambe d'ivoire sur une pile de caisses.

Elle soulève sa jupe sous les yeux arrondis de Fuller, qui ne peut s'empêcher d'approcher.

— De l'ivoire ? demande-t-il en touchant la prothèse.

— À ne pas confondre avec des os de baleine, précise Red.

Fasciné, Fuller en oublie son devoir et ses obligations. Il oublie surtout qu'il doit encore vérifier le train. Ses soldats sont tout aussi distraits par la présence des autres jeunes femmes qui ont également surgi autour des rails.

Sous le wagon, Tonto peut continuer sa progression. Il faudra qu'il pense à remercier Red pour son aide. Enfin, si jamais il sort vivant de cette aventure !

Pendant ce temps, à l'intérieur de la gare, les actionnaires pénètrent dans une longue salle étroite, meublée d'une grande table rectangulaire. Devant chaque siège a été déposé un document légal.

— Asseyez-vous, dit Cole.

Un peu déboussolés, ses invités obtempèrent.

— Vous représentez tous les familles les plus en vue du pays, commence Cole en arpentant la pièce.

Autour de la table, les actionnaires lèvent leurs verres, et Cole continue :

— Je vous félicite. Grâce à l'argent dont vous avez hérité, vous êtes maintenant en position de contrôler ce que j'ai construit avec mes propres mains, ma sueur, mon sang.

Lentement, les actionnaires reposent leurs verres. Content de son effet, Cole poursuit son discours.

— Ce que vous ne pouvez pas savoir, c'est que, ces derniers mois, je suis devenu le plus gros actionnaire de la compagnie.

Il marque une pause, histoire de savourer cet instant. Celui de sa victoire, tant attendue.

— En réalité, messieurs, vous travaillez pour moi.

Autour de la table, les hommes échangent des regards interloqués.

— Vous proposez de racheter le chemin de fer ? demande l'un d'entre eux.

— Juste une part majoritaire.

— Vous avez une idée de ce que cela va vous coûter ? se risque un actionnaire.

Wendell s'avance et brandit une feuille de papier.

— Cinquante-huit millions deux cent mille dollars, indique-t-il comme si ça coulait de source.

— Chacun de ces wagons de marchandises contient quatre tonnes et demie d'argent pur, ajoute Cole, en désignant du menton le *Constitution*. À l'arrivée à San Francisco, cette cargaison vaudra soixante-cinq millions de dollars.

Puis il sort de sa poche la montre d'Habberman.

— Gardez-la.

Il jette l'objet sur la table, tandis que les actionnaires commencent à crier entre eux. C'est la plus jolie musique que Cole ait jamais entendue !

À l'extérieur, Tonto et Lone Ranger sont

eux aussi très occupés ! Rampant toujours sous le train, Tonto s'arrête au niveau du wagon-salon. En regardant au-dessus de lui, à travers une grille du plancher, il aperçoit Danny Reid.

Tonto presse son visage contre la grille, jusqu'à ce que le petit garçon le remarque. D'un doigt sur sa bouche, le Comanche lui fait signe de se taire et de s'approcher. Danny, qui sert de domestique aux soldats qui le surveillent, fait semblant d'avoir laissé tomber un fruit pour pouvoir se baisser. Tonto lui donne alors une munition en argent, que Danny fourre aussitôt dans sa poche.

Cette première partie du plan accomplie, Tonto peut passer à la suivante.

Dans l'écurie, Homer, le garde du corps de Red, exécute, quant à lui, sa part du plan. Tous les chevaux de la cavalerie sont à l'intérieur, gardés par plusieurs soldats. Homer pousse devant l'entrée de l'écurie un chariot qui contient plusieurs caisses où sur lesquelles est écrit : « Légumes marinés au vinaigre ».

— Hé, tu ne peux pas laisser ça ici ! crie l'un des soldats.

Homer hausse les épaules.

— C'est à M. Cole. Il les emporte avec lui.

Sur ce, il laisse le chariot et tourne les talons…

Pendant que Red continue sciemment de distraire Fuller et ses hommes, Tonto finit par atteindre la locomotive et grimpe à l'intérieur.

En entendant un bruit, l'ingénieur fait volte-face. Il écarquille les yeux en voyant Tonto.

— Qu'est-ce que tu crois être en train de faire ?

— Un vol, répond Tonto.

L'ingénieur répond par un éclat de rire.

— Nous n'avons pas d'argent !

Alors, Tonto brandit son couteau, et l'ingénieur se tait aussitôt.

— Un vol de train, précise le Comanche.

L'ingénieur et les autres hommes présents se regardent avant de fuir à toutes jambes !

Tonto jette un regard curieux aux commandes. Il y a juste un petit souci avec leur plan… Le Comanche n'a pas la moindre idée de la manière dont on conduit un train. Mais ça ne doit pas être si compliqué, n'est-ce pas ?

Il manœuvre au hasard plusieurs leviers, et le train se met miraculeusement en marche. Tonto sourit. Facile, vraiment ! Il actionne d'autres leviers, et voilà que le train fait marche arrière. Son sourire s'efface. Bon, il a visiblement encore quelques détails à mettre au point…

Dans la gare, les actionnaires sont toujours sous le choc, lorsque Cavendish arrive en poussant Rebecca devant lui. Mais les riches hommes sont bien trop furieux pour la remarquer.

— C'est un outrage ! crie l'un d'eux.

— Je ne vais pas rester assis là, à négocier

avec un de mes employés s'emporte Habberman.

Alors qu'il veut se lever, Cole pointe son pistolet sur lui… et tire. Habberman pousse un hurlement en agrippant sa jambe.

— Messieurs, annonce alors Cole, à cause d'un regrettable accident, votre président doit s'absenter. Vous allez avoir besoin d'un remplaçant. Des candidats ?

Après quelques instants de silence, l'un des actionnaires lève la main, tremblant.

— Je nomme M. Latham Cole.

Il ne tarde pas à être imité par un autre.

Cole adresse à Rebecca un sourire suffisant, comme pour lui dire : « Je vous l'avais bien dit. »

— J'accepte, dit Cole.

Il y a un mouvement d'agitation derrière lui, mais il ne se donne pas la peine de bouger. C'est le plus beau moment de sa vie. Il est le maître des chemins de fer. Et dans quelques jours, il sera l'un des hommes les plus fortunés d'Amérique. Rien ni personne ne peut venir ternir ce moment magique…

— Euh, monsieur Cole... bredouille Wendell en montrant une fenêtre.

Cole étouffe un grognement, avant de daigner se retourner. C'est alors que son cœur manque un battement. À l'extérieur, le *Constitution* est en train de reculer, saccageant au passage l'estrade et les banderoles de la fête.

— Ils volent mon train ! siffle Cole.

— Ils volent votre argent, corrige un actionnaire. Pas d'argent, pas d'accord.

Cole sort en furie de la pièce, suivi de près par Cavendish, Wendell et Rebecca. Ils se retrouvent alors en plein chaos.

Une forte détonation retentit tandis que l'entrée de l'écurie explose, emprisonnant les chevaux à l'intérieur. Maintenant, la cavalerie est dans l'impossibilité de suivre le train...

Cole aperçoit ensuite Red, dont la fausse jambe est encore fumante. Elle vient de tirer sur le chariot, le pulvérisant dans une spectaculaire explosion. À croire qu'il ne contenait pas seulement des légumes marinés au vinaigre !

Cole est en proie à une véritable fureur. Tout ce pour quoi il a travaillé si dur est en train de partir en fumée !

À cet instant critique, la locomotive passe justement sous son nez. Assis à la place du conducteur, heureux comme un cochon qui patauge dans la boue, Tonto actionne le klaxon du train pendant qu'il continue de traverser la ville en marche arrière.

— Tuez-le ! hurle Cole au soldat posté derrière la mitrailleuse.

Le militaire hésite.

— Danny est à l'intérieur ! crie Rebecca en luttant pour se libérer de l'emprise de Cavendish.

— C'est un ordre ! renchérit Cole.

Les balles se mettent alors à pleuvoir sur le train, dont les fenêtres volent en éclats. Les soldats qui se trouvent dans le wagon-salon grimpent sur le toit, très vite rejoints par Fuller et ses hommes.

Tout à coup, un lasso blanc fend les airs et vient s'enrouler autour de la mitrailleuse. Rebecca se retourne. Sur le toit du tribunal, juché sur son cheval, Lone Ranger tire d'un

grand coup sec sur la corde. La mitrailleuse se met à pivoter et à viser les soldats perchés sur le toit du train ! Lone Ranger continue alors de tirer sur son lasso, pendant que les soldats se couchent pour se mettre à couvert. Finalement, il réussit à stopper l'arme.

Lone Ranger scrute les alentours et sourit en constatant que personne n'a été blessé. Mais sa joie est brève : Cole a ordonné à ses hommes de démarrer la locomotive du *Jupiter*. Et, sous les yeux du ranger, il entraîne Rebecca à l'intérieur du train en marche, qui transporte à son bord marchandises et passagers. Il n'y a pas une seconde à perdre !

Réagissant au quart de tour, Lone Ranger lance son cheval au galop depuis le toit du tribunal pour se rapprocher le plus possible du train. Mais, arrivé au dernier toit, il constate que la distance qui le sépare du *Jupiter* est encore trop grande.

Pourtant, il n'a pas le choix. Alors, il prend une profonde inspiration et commande à son cheval de sauter. Le fabuleux animal bondit en volant dans les airs.

Ils planent un instant, pendant lequel le ranger retient son souffle… avant d'atterrir sur le toit du *Jupiter* !

Tandis que les deux trains foncent à travers le désert, Lone Ranger se dit qu'il est grand temps de sauver Rebecca. Et d'en finir, une bonne fois pour toutes, avec Cole et Cavendish.

Dans la locomotive du *Constitution*, Tonto jette un coup d'œil par la fenêtre. Le *Jupiter* gagne de la vitesse. Cole, aux commandes, accélère de plus en plus, pendant que Cavendish se positionne sur une plateforme du train, prêt à faire feu sur le Comanche. Il ne faudra pas longtemps avant que le *Jupiter* rejoigne à nouveau le *Constitution*. Tonto doit absolument empêcher cela.

Il appuie à fond sur l'accélérateur, mais la vitesse est d'ores et déjà à son maximum.

Sans parler des tonnes d'argent qui les ralentissent. Tonto doit trouver une solution, et vite !

Un peu plus loin sur la ligne, il repère un aiguillage. S'il réussit à le manœuvrer à temps, le *Jupiter* se retrouvera sur une voie parallèle à celle de l'autre train et n'emboutira pas le *Constitution* où il se trouve. La solution parfaite, selon Tonto.

En inspectant la cabine, il remarque une pelle et s'en empare, puis il se poste près de la porte. Le train se rapproche de l'aiguillage. Encore quelques instants…

Au dernier moment, Tonto frappe le dispositif avec sa pelle, et les voies se divisent instantanément.

Dans un puissant grondement métallique, le *Jupiter* vire légèrement à droite, alors que le deuxième train continue tout droit. Tonto est content de lui, mais pas pour longtemps ! En effet, son train se trouve maintenant très près du *Jupiter*, ce qui signifie que le Comanche est une cible encore plus facile pour Cole et sa bande !

Tandis que les premiers tirs retentissent, Tonto envoie toutes les munitions dont il dispose : un saut, du charbon, et même une chaussure, tout en réfléchissant désespérément à un meilleur plan.

Soudain, il sait ce qu'il doit faire. Il retourne aux commandes du *Constitution* et tire fort sur le levier de freinage. Les roues du train crissent, en projetant des jets d'étincelles, et le train freine peu à peu… mais pas assez. Sur la voie parallèle, le *Jupiter* continue de foncer, avec Lone Ranger sur le toit.

À bord du *Constitution*, le capitaine Fuller est hors de lui. Bien décidé à réparer ses erreurs, il va jusqu'aux wagons de marchandises et tente frénétiquement de les détacher du reste du train. Mais à cause de la vitesse, l'opération s'annonce plus difficile que prévu.

Un bruit bizarre lui fait lever les yeux.

— Le ranger ! Il est sur le toit ! crie-t-il à Cole.

Dans la locomotive du *Jupiter*, près de Rebecca prostrée dans un coin, Cole l'a entendu : il tend le cou par la fenêtre… et entre dans une colère noire.

— Combien de fois vais-je devoir te dire de tuer ce ranger ? hurle-t-il à Cavendish, qui vient de le rejoindre.

Le hors-la-loi force Rebecca à se relever. Elle va finalement se révéler très utile. Cavendish grimpe sur le toit et l'utilise comme un bouclier humain, puis il commence à tirer.

Pendant ce temps, sur le *Constitution*, Fuller essaye toujours de détacher les wagons transportant l'argent. Au prix d'un gros effort, il parvient enfin à soulever la tige métallique. Il a réussi. Pourtant, au lieu de ralentir, les wagons de marchandises continuent leur chemin à vive allure…

Sur le toit du *Jupiter*, Lone Ranger esquive les tirs tandis que Cavendish ne cesse de le

mitrailler. Entre deux pas de côté, le ranger jette un coup d'œil en biais. Étrange... Il a l'impression que le *Constitution,* toujours à côté d'eux, prend de la hauteur. Mais, très vite, il comprend : ce n'est pas le *Constitution* qui est plus haut, mais le *Jupiter,* qui descend sur son chemin séparé, droit vers un tunnel !

Suivant son regard, Cavendish remarque à son tour le tunnel, qui n'est plus qu'à une centaine de mètres d'eux. Il pousse Rebecca par terre et se couche à plat sur le toit du train. Le hors-la-loi se réjouit déjà.

Ne perdant pas un instant, Lone Ranger lance son cheval au galop. Plus que soixante-quinze mètres. Cinquante. Le cheval fantôme fonce de plus en plus vite, mais va-t-il arriver à temps ?

Vingt-cinq mètres. Plus que dix. Juste au moment où le train s'engouffre dans le tunnel, Lone Ranger et sa monture parviennent à sauter sur le plancher d'un wagon à plateau, et le toit du tunnel défile alors, sans danger, au-dessus de leurs têtes.

Après avoir félicité son cheval d'une caresse, Lone Ranger entre dans un wagon en s'excusant de déranger les passagers, quelque peu effrayés par cette visite surprenante.

Il passe au wagon suivant, quand, soudain, les vitres explosent sous des coups de feu. À bord du train qui roule à nouveau en parallèle depuis la sortie du tunnel, le capitaine Fuller tient une arme dans chaque main.

Lone Ranger se baisse sur le côté de son cheval pour tenter d'éviter les tirs, qui cessent brusquement d'eux-mêmes. En relevant la tête, le ranger aperçoit Tonto avec une pelle à la main, et Fuller, assommé à ses pieds. Le ranger le remercie d'un hochement de tête. Maintenant, c'est au tour de Cavendish.

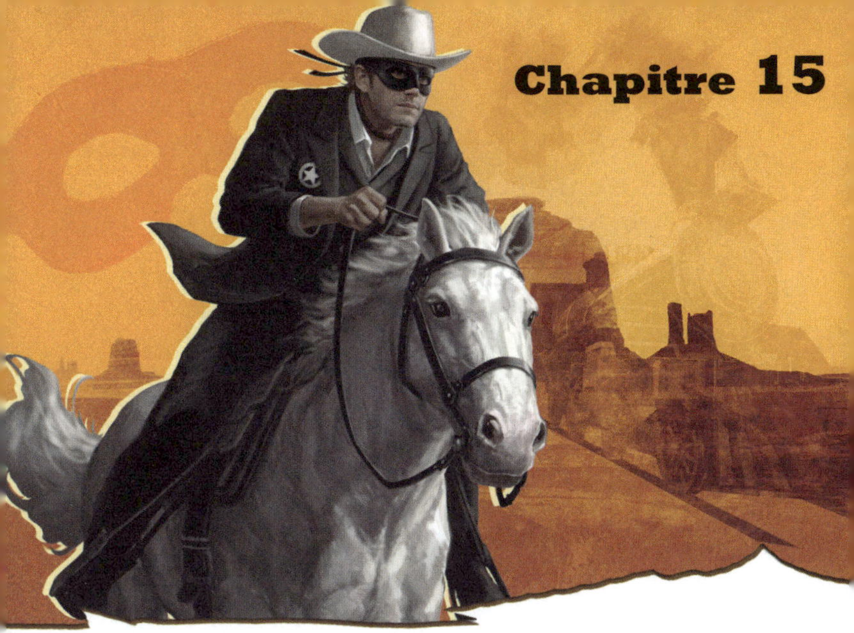

Chapitre 15

Après avoir regagné le toit du *Jupiter*, Lone Ranger retrouve Cavendish et Rebecca. En entendant son nom, le hors-la-loi se retourne et tire… Mais le chargeur de son pistolet est vide !

— Laisse-la partir ! dit le ranger sur un ton menaçant.

— Volontiers, répond Cavendish en poussant Rebecca près du bord. À moins que tu ne poses ton arme.

Les mâchoires du ranger se contractent, tandis que l'expression de son visage demeure indéchiffrable.

— Vas-y. Elle était la femme de Dan, pas la mienne.

Rebecca le regarde, incrédule. Mais Cavendish n'hésite pas : avec un haussement d'épaules, il la pousse du toit. L'instant d'après, on entend le cri perçant de Rebecca qui atterrit sans encombre sur le dos du cheval blanc.

Cavendish attend, impatient de pouvoir enfin se débarrasser de ce ranger avec son stupide masque.

— Qu'est-ce que tu vas faire, l'avocat ? Me tuer ?

— C'est exact.

Le ranger appuie sur la gâchette... Plus de munitions ! Le hors-la-loi sort un couteau, tandis que le ranger brandit ses poings. Pas de quoi effrayer un criminel tel que Cavendish...

— Laisse-moi deviner : tu as fait de la boxe à l'école de droit ? se moque-t-il.

Heureusement, Tonto, grimpé en haut

d'une échelle, parvient à faire diversion, et Lone Ranger en profite pour frapper en pleine face le bandit, qui tombe lourdement.

Puis ils entreprennent de détacher la locomotive du *Jupiter* des autres wagons, afin de mettre les passagers en sécurité.

— Où est la fille ? demande Tonto en bataillant avec l'attelage.

— Où est l'argent ? rétorque son ami.

Tonto lève un sourcil. Voilà une excellente question !

Pendant que Lone Ranger se charge de l'attelage, Tonto prend son élan et saute à nouveau du côté du *Constitution*, sur les wagons contenant le minerai d'argent. La situation est des plus critiques : d'après ce qu'il voit au loin, le *Jupiter* fonce droit sur un pont en plein chantier. Mais il y a encore plus urgent : les deux voies sont sur le point de se rejoindre en une seule !

Ignorant tout de la situation, Lone Ranger parvient à détacher l'avant du *Jupiter*. Les passagers sont sauvés. En se redressant, il entend le déclic d'une arme à feu. Cavendish ! Apparemment, le hors-la-loi a réussi à trouver des munitions.

— Cette fois, tu es un homme mort.

À cet instant, les deux voies se rapprochent dangereusement. Les wagons remplis d'argent et ceux de marchandises du *Jupiter* se frôlent dans un épouvantable grincement de métal. Déséquilibré, Cavendish tire dans le vide. Lone Ranger utilise alors son lasso pour s'accrocher à un arbre.

Quelques secondes plus tard, l'inévitable se produit. Les voitures du *Constitution* entrent en collision avec les wagons de marchandises du *Jupiter*. Une énorme explosion secoue le sol du désert, et une gigantesque boule de feu s'élève dans le ciel azur. C'en est fini de Cavendish et de Fuller.

Lone Ranger se laisse tomber sur le cheval blanc, nez à nez avec Rebecca, qui l'embrasse…

Dans la locomotive du *Jupiter*, Latham Cole n'a pas dit son dernier mot. Et surtout, il n'est pas décidé à abandonner son argent ! Par chance, il se retrouve désormais sur la même voie que son précieux trésor. Les wagons pleins de minerai ont suivi leur route après l'explosion des premières voitures du *Constitution* et sont maintenant juste derrière lui.

Après avoir mis Rebecca et Danny à l'abri dans les wagons de passagers du *Jupiter*, Lone Ranger repart sur son cheval avec un seul but en tête : attraper Cole. Mais lorsqu'il le repère, Cole se trouve sur le toit d'un wagon d'argent, et il tient Tonto en joue dans le viseur de son pistolet.

— C'est le moment lance Cole au Comanche.

Lone Ranger dégaine son arme, avant de se souvenir qu'il est à court de munitions. À moins que…

Sortant la tête par une fenêtre, Danny lui tend la balle en argent que Tonto lui a donnée, un peu plus tôt, à travers la grille. Le ranger charge son arme, mais hésite.

Viser correctement à partir d'un cheval au galop quand la cible est juchée sur un train lancé à pleine vitesse est tout simplement impossible !

— Je suis un Promeneur Fantôme, dit Lone Ranger.

Puis il ferme les yeux et tire.

La balle atteint le pistolet de Cole à l'instant où la locomotive du *Constitution* heurte les wagons de marchandises. Danny et Rebecca se ruent dans la locomotive et actionnent le frein, tandis que Tonto ramasse l'arme de Cole et la braque sur sa tête.

— Durant toutes ces années, j'ai cru que tu étais un Wendigo, dit-il tristement. Mais, en réalité, tu es juste un homme.

Il sort de sa poche la montre cassée et la lance à Cole.

— C'était un mauvais échange.

Quand Cole comprend enfin qui est Tonto, il est déjà trop tard. Avant qu'il ait pu répondre, le Comanche fait feu sur l'attelage, détachant l'avant du train des wagons de minerai. Cole se retrouve seul sur ses wagons d'argent, tandis qu'à bord

du *Constitution,* Tonto le regarde s'éloigner irrémédiablement vers son destin.

Après quelques instants, Cole, sa vieille montre et ses tonnes d'argent pur tombent du pont en construction et s'écrasent dans la rivière rugissante en contrebas. Enfin, la justice a bien été rendue.

Quelque temps plus tard, Promontory Summit est le théâtre d'un nouvel évènement.

— Mesdames et messieurs, clame Habberman devant la foule réunie. Nous sommes ici aujourd'hui pour féliciter un authentique héros. En tant que président des Chemins de fer transcontinentaux, je tiens à exprimer ma gratitude envers cet homme masqué, ce Lone Ranger.

Ce dernier s'approche, et Habberman lui tend un cadeau. La montre à gousset qu'il avait offerte à Cole, il n'y a pas si longtemps…

— Maintenant, c'est le moment de retirer votre masque, dit Habberman.

Après réflexion, Lone Ranger répond :

— Pas encore.

La justice a toujours besoin de lui, et il doit faire honneur à la mémoire de son frère.

Après avoir dit au revoir à Rebecca et à Danny, Lone Ranger retrouve Tonto, qui marche seul dans le désert, en nourrissant son oiseau. Il lui donne la montre. Comme toujours, Tonto tente de l'ouvrir en la lançant en l'air. Mais cette fois, il y arrive.

Une chose est sûre : l'avenir leur réserve encore des aventures palpitantes !

Épilogue

Le spectacle du Far West est sur le point de fermer ses portes pour la nuit.

— Je crois que je devrais rentrer chez moi, dit Will.

— Chez moi… répète tristement Tonto, qui a revêtu le costume, puis le chapeau melon par-dessus son oiseau.

— C'était chouette de vous rencontrer, déclare le garçon. Donc, le Wendigo, c'était juste une histoire, pas vrai ? Je veux dire, ça n'existe pas, hein ?

— *C'est à toi de voir, répond Tonto en lui lançant quelque chose.*

Will baisse les yeux et découvre une balle en argent dans le creux de sa main. Lorsqu'il relève la tête, Tonto a déjà disparu.

— *N'enlève jamais le masque… murmure le jeune garçon en sortant dans la nuit douce de San Francisco.*

Fin

Table

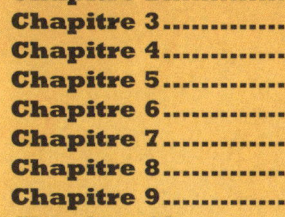

⊞ hachette s'engage pour
l'environnement en réduisant
l'empreinte carbone de ses livres.
Celle de cet exemplaire est de :
800 g éq. CO$_2$
Rendez-vous sur
www.hachette-durable.fr

**PAPIER À BASE DE
FIBRES CERTIFIÉES**

Photogravure Nord Compo - Villeneuve d'Ascq

Imprimé en Roumanie par G. Canale & C. S.A.
Dépôt légal : juillet 2013
Achevé d'imprimer : juillet 2013
20.3965.9/01 – ISBN 978-2-01-203965-0
Loi n° 49956 du 16 juillet 1949
sur les publications destinées à la jeunesse